华容风物集

HUARONG FENGWU JI

熊其雨 / 著

湘潭大學出版社
XIANGTAN UNIVERSITY PRESS

洋芋拿来红烧、开汤，做法极简，原味醇厚

奶奶丁炎贵用柴火小锅炒菜

华容农家，米汤水煮锅巴粥

手工制作的米团子大小不一，蒸熟后爽口弹牙，易饱腹

塔市驿蒸鱼

蒸萝卜丝

外婆汪春珍在陈年老坛里搲剁辣椒

外婆一手扶盆，一手在拌麦酱

三姨妈一家

湖南省纪委原常务副书记赵焱森(左三)与老人家握手聊天

塔市驿远眺

夜色中的云梦塔，犹如指路明灯

新沙洲渡口全景

从小睡到大的“凌波床”，由晚清时期的木匠手工筑造

塔市驿，喝“早酒”的人

那山，那人，那狗

浓浓乡愁满目生

——读熊其雨《华容风物集》有感

舒全球

华容老乡熊其雨小弟与我同行，从事新闻宣传，工作之余发表一些文字，这次集数十篇散记编成《华容风物集》，值得鼓励，为之点赞。

家乡华容，有“湖南的厨房”之谓。从作者写到的几十种华容美食来看，熊其雨无疑已经作了一个很好的推介。读完这一篇篇活色生香的文字，美食似乎从纸上跃到桌上，只想马上“夹一筷子”，或立刻出发，奔赴家乡。

怅望遥天外，乡愁满目生

熊其雨写家乡风物，承载的是乡土乡情乡景乡音。如《莲藕弯弯懂谁心》中，“春天里，我在等一节‘漂泊’异乡的莲藕归去来。是它，让我与泥土更亲、离故乡更近”。

又如《“可盐可甜”是洋姜》中，作者有一段心灵自白——“有时候，我觉得我以及很多同我一样的农村伢子，总是忙于赶路且风尘仆仆，内心极度自卑且愁深，总希望抖落尘土，接点‘洋气’。这种洋，既有‘腹有诗书气自华’的精神食粮，又有肤浅意义上的物质食粮，这种无可名状的感觉，就好比是在鱼肉森林中寻一丝清雅稚气或古早味，比如，一小碟酸甜脆嫩的洋姜”，字里行间氤氲着片片乡愁。作者对一些事物器具的称呼，也许只有本土本乡的华容人能听懂，如“乌龟爪子”“萝篮子”“打个翻身”“鹅米豆”“阳干”“歪胡子”“枯豌豆”“打顶芯”等等，很熟悉，很亲切。《剁肉丸的时光》开头是，“那些年，在以汤水闻名的广东，我的舌头曾穿越大街小巷，揽啜过几多令人冒汗醒脑的汤水，然却始终认为，唯有儿时那一碗手剁肉丸汤，饮之，方能纾心头之念、解思乡之渴。这是一个远行异乡的游子，对故土的眷念”。还有多篇文章结尾处，作者要告诉你的是“离居故乡久，长住异乡苦。不如食麦酱，隔日好还乡”等等。读者能感受到，和家乡炊烟一起升腾的是作者热气充盈的灵魂，乡愁的心弦也就被深深地拨动了。

不须酱醋与椒盐，一遍香如一遍

每一个作家都是美食家。元代马钰《西江月·赴胡公斋》云："我会调和美鳝。自然入口甘甜。不须酱醋与椒盐。一遍香如一遍。"读熊其雨写的华容味道，也有这个"味道"，一遍香如一遍。到底什么是华容味道？华容地处江汉平原和洞庭湖平原中心位置，是湘鄂两省的桥梁与纽带。华容北是挨长江的东山镇（原塔市驿、洪山头、东山镇合并），与湖北监利隔河相望，对河的湖北沔阳蒸菜流入华容后形成塔市蒸菜，所以华容菜是有湖北风味的。华容是江河湖汊编织出来的鱼米之乡，优质的河湖淤积土壤为蔬菜提供了丰富的养料，国家地理标志农产品有十来种。华容是中国芥菜最大产区。黄白菜薹、潘家辣椒、东湖胖头鱼、华容芦苇笋等都是上好的菜品食材。就地取材，带有湖滨特色，是华容菜的特点。华容人沿袭近邻湖北人驾船行走江湖需要早晨饮酒，形成了喝早酒的习惯，早酒以卤菜、蒸菜、火锅为主。我认为真正算得上华容特色、独一无二的菜品是煤炉子火锅、华容卤菜、华容蒸菜，加上华容团子、芥菜酸菜、盐包草、野生藜蒿、洞庭银鱼汤，当然华容西乡鲇鱼须的头菜也是一大特色。关于这些菜，作者都有详细描述，甚至讲了制作要领和注意事项。熊其雨年纪不大，也不是厨师，能够把每一道华容美食都讲出个道道来，这恐怕是年轻人非常难得的一个本事。这个本事缘于他对传统文化的真心热爱、对些小细微的用心观察、对本真初心的执着坚守。史铁生在一篇谈美食的文章里说：“味道是最说不清楚的。味道不能写只能闻，要你身临其境去闻才能明了。味道甚至是难于记忆的，只有你又闻到它你才能记起它的全部情感和意蕴。”读熊其雨的美食文章，好像有场景再现、菜香扑鼻的感觉。不是说好吃的人都会搞吃的嘛，我想熊其雨对一些华容美食的制作应该是身临其境或是亲自操刀过的。太极图的庖丁解牛式吃法，老坛醡粉，烀鸡子，打豆腐，挖藕，做黏米团子，制作芦麦酱……作者对这些最需要“手面子功夫”的技术活，能够极具匠心地描述出来，可见作者平常在家乡美食研究方面没少下功夫。或许他本身就喜欢吃，喜欢研究吃的，能吃不胖最好。

（舒全球，长沙市文联党组书记、主席）

乡愁最后是舌尖的牵绊

郭　江

年少难识家乡味，懂时已是异乡人。

熊其雨君这句七绝，应该就是提纲挈领了。看到这句时，我还以为是某位古代诗人的文笔，很是让我动容，网上一查才发现，是他自己的感慨。

所以，这本书的内容，讲的是家乡味，让异乡游子眷念的古早味。当把整本书看完，才发现他倾注的是对故土的深深的爱。

汪曾祺写家乡的食物，一样样娓娓道来，多是讲风物。熊其雨讲家乡味，不仅仅是风物了，还有农事和技法，比如，写芦麦酱："真正发酵熨帖的麦子要从里到外霉过芯，看上去长了铜绿色霉，这才是最好的。"

看汪曾祺的书我会想，哪天要沿着汪老的足迹去看看，而看小熊的文字，我就想，你怎么不自己开个华容菜餐厅呢？

汪曾祺的文章是文人写美食，情趣隽永，熊其雨的文章，我看是农人写家乡，纸短情长。文章里面的确有表明，例如：

我们这些所谓从农门到龙门的农家子弟，身上大抵有几分江湖意气和仆仆风尘，内心细腻而丰盈，总希望能逆流而上，快意人生。就像一条鱼的随想一样：别人是金鱼那又怎么样？我是银鱼，一样可以银光闪闪。

银光闪闪的小银鱼，这是作者托物言志了，渺小但闪耀。——只是我浮想起来会出戏，你胖胖的，还眷念家乡的长江入湘第一码头，为什么不是回渡鱼？

岳阳人把江团叫作回渡鱼，名字甚美，不过台湾美食家逯耀东吃巴陵全鱼席的时候特意问了渔夫，回渡鱼是怎么来的，答曰：肥沱子鱼。

活蹦乱跳的肥沱子鱼，不是也好玩吗？嘿嘿。

但是，看完这书，我对熊先生的了解算是真正深刻了，他更像一截他家乡华容县长江边的东山镇的湖藕。“细看，这种莲藕表皮呈暗粉色，细长且有黑芝麻点，藕节处粗且短的黑‘胡须’像在示威：你莫挨我！”

你莫挨我！这四个字真是精彩，惟妙惟肖，到底是多年文字记者的功底，下笔如有神，把农家子弟的倔强而敏感描述得活灵活现。

还有，他写萝卜："红滴滴的樱桃萝卜搓盐，放在芦席上风吹日晒，待到脱水起皱拌剁辣椒进坛密封。"——红滴滴的萝卜，嗯，乖，快到我嘴里来！

还有，"……半锅江水烧开"，个中况味，真是青山依旧在、几度夕阳红啊，灵光闪现的这类文字和妙趣，在书中比比皆是。

专注于写家乡美食的作者，在湖南不多见，至少，值得一读的不多见。写美食有两个要点：一要言之有物，要有知识点，只会乱抒情的不要；二要文笔有趣，能让人有阅读的快感。熊其雨的这本书，在两者都是相当到位的。当前湖南省倡议"美食带动文旅"，华容县幸甚忽然出现这么一位子弟，会不会让华容出圈呢？

说到湖南美食，老派的专家会把湘菜分为三个区域：洞庭湖区域、湘中区域、湘西区域。我对这种划分是不以为然的——就洞庭湖范围来说，岳阳、常德、益阳的饮食习俗差别不小，而岳阳这个地方，岳阳市、华容县、平江县、湘阴县等等，菜式特点也不一样。这一本书把华容县长江边的乡村集镇饮食罗列殆尽，可谓水陆杂陈，蔚为大观。

就一个华容都有这么多鲜为人知又引人入胜的地方美食，湖南还有几十个县呢，天下湘菜那还了得？

所以看这稿子，我是津津有味兴致盎然的，没想到还有那么多的美好食物等着我们去体验，多亏作者施展开来的湘北风俗画卷，让我们闻所未闻，见所未见。

例如，文章多次提到“阳干”俩字，走遍大半个湖南，我是第一次听说，外省也没这个说法。所谓“阳干”，是食物抹上盐在太阳下风口中晒一天。在书里可以看到，除了鱼肉，豆腐白菜也可以“阳干”，真大开眼界了。

难道是在长江边生活，打打鱼，晒晒网，顺带也晒晒好吃的吗？

整个江南有做暴腌鱼的风俗，暴腌哦，不是刨盐，湖南的餐厅总是不知道这两个字的来历，它是袁枚在《随园食单》中写的技法，暴，狂风暴雨的暴，表示迅猛，用盐暴力腌制几天叫暴腌。我们做暴腌鱼，要放在冰箱里面存放几天，否则在常温中会变成“臭鳜鱼”，这几乎是个生活常识。但是，华容人很奇怪，他们也暴腌，但是还要晒太阳，这在全国是独此一家不？广东阳江有所谓的“一夜埕”咸鱼，戏称“一夜情”而声名远播，应该也是“阳干”吧，本质是“淡晒半干”，所谓一夜是腌制了一晚，第二天白天去晒。就这工艺，我感觉华容的叫法“阳干”更加贴切。

华容阳干鱼，既有鲜鱼的嫩又有咸鱼的香，蛮晓得呷咧，并且不仅仅是鱼哦，阳干的芥菜，抓盐装进坛子里，不就是湘潭的瓿菜吗？哦，卜菜，这么说便于大家理解，如果阳干后抓盐并揉搓密封，那就是搓菜子了，很多人叫擦菜子。讲到这些湖南人都懂，我就问你们流不流口水。

还有“鲊”的用法，读zhǎ，华容的鲊豆渣和常德的鲊辣椒、湘西的苞谷酸似乎是一类食物，风味不同，华容这种可能是酸酸的北京豆汁味，我曾经在岳阳菜中吃到过黏黏糊糊的怪味食物，名字忘记了，我猜可能就是华容特色。

华容县有湖南最多的国家地理标志农产品，难怪作者有那么多素材可以信手拈来。书里描写的食物太多了，洋姜、芥菜、霉豆子、豌豆酱、芦麦酱就不一一列举了，我怕写不完，我还是动身去千年古渡塔市驿，看看滚滚长江，喝个早酒，要几碟卤味吧。

（郭江，长沙美食家，电视纪录片《去湘当有味的地方》主笔）

目 录
CONTENTS

第一辑 童年味蕾记忆

华容风物集

第一辑 童年味蕾记忆

遗忘，从来都是人的本能。美食，因人而在，因人而异，因人而失，又因人而忆。儿时的味道，过的是嘴瘾，解的是乡愁。想吃，随时可得，反而没有念想。人生，有期望才美。

春日限定“野菜图”

多想回乡，住上三两日。

泉井的水叮咚作响，山林里楠竹拔节生长，沟渠里有蝌蚪和肆意拍尾击水的虾子，酸柑子花香飘鼻，荇草、盐包笋，都可借春风咀嚼，咽得几碗饭。

但凡是“野货子”，我都爱。比如野荞麦，开白花，产量低，做成小薄片样的饼，也好吃。

在田埂地头，在山涧小溪，在河湖塘溪，三三两两的农妇挽着篮子结伴而行，香椿芽从竹筐里冒头，藜蒿、荠菜、蕨、鼠曲草和鱼腥草，都会让人食欲大开。

“呦呦鹿鸣，食野之苹。”人和小鹿有什么区别呢？小鹿喜吃草、脾性好，头上有角，就好似人有打娘胎里来的脾气和与生俱来的棱角，这棱角很难被磨平。有时候，人在事上磨，来去蹉跎、悲喜不一，只有自己才是照鉴自己的镜子。小鹿吃的草，人却当野菜，用以补慰久在樊笼、身居温室所失的野性，这野，来自大自然。

我的老家华容县塔市驿，毗邻长江主河道，屋舍一律砌在江堤下，其间阡陌纵横，水草丰沛。二十世纪七十年代，乡邻家条件极差，炒菜多用棉油（用棉籽榨的油，颜色较其他油深，精炼后可食用）。春暖花开时，大家到户外“打野”，灰灰菜、桑树尖、野芹菜、野菠菜等，全部拾掇回家，用木蒸笼蒸饭前，将这些野菜切碎，漂净苦水后掺到米饭中煮，煮熟后有青草香，唤之为菜饭。

前几年去湘西，探访当地菜市场发现，有一种米饭称之为社饭，主要由社蒿菜（水蒿菜）、土猪腊肉、野葱（胡葱）、糯米等搅拌在一起煮成，一般在立春后做。如此说来，口水就不由得在嘴里打转，倘若来一碗荤素搭配的米饭，再夹上一筷锅气十足的柑子叶炒乳猪肉，乳猪肉外焦内嫩，社饭巧妙吸油，真是绝配。

塔市驿有一道传统蒸菜，叫作茼蒿蒸菜。大雪覆压后或霜打后的茼蒿，择洗干净后切得细细碎碎，拌入蒸肉米粉（用机器研磨两遍后的早稻米，米粉细腻无渣），竹蒸笼下铺一层薄细的罩子布，将茼蒿均匀铺陈其上，盖紧盖子后猛火开烧，水蒸气喷涌而上，青涩脆嫩的蒿叶在高温作用下变得疲软，水蒸气慢慢滴入，使茎、叶、粉三者交融。二十分钟后，茼蒿的清香扑面而来，此时不需放盐，淋上一勺坛子剁辣椒，点几滴麻油，以及两勺肉香四溢的熟猪油，用筷子拌匀就可食用了。当然，也有好吃者，将白萝卜、毛芋头、洋芋头和莲藕等上灶蒸熟，真正是“萝卜捧出肉价钱”（将简单的食材用复杂的工艺做熟），费工又费时。

讲起野菜，不得不说鱼腥草。我的大学同学是自贡人，尤擅制作四川的凉菜，比如，葱葱鲫鱼和凉拌折耳根。把嫩鱼腥草连叶带根洗净用开水烫三秒，放盐、生抽、麻油、白糖、花椒油、红油辣椒，拌匀后极开胃。她甚至还讲过一个关于野菜的笑话，大意是说，四川一吃货，在田埂发现许多嫩折耳根苗，于是拿着铁铲直接将田埂翻了个遍，最后才发现这一丘田埂是两户农家共用。因吃而挖穿田埂，最终导致农田漏水，想想都觉得好笑。

鼠曲草，长沙人喊“水腻子草”，极为卑贱且低调，却有化痰止咳功效。有年开春，陪长者到长沙县安沙镇省亲，席间有蒸腊洋鸭、腊味合蒸等，到哪儿寻些野菜清肠胃呢？田里，老人正光脚锄草，眼前，大小不一的像太阳花一样的植株，正是鼠曲草。我们拿出袋子，蹲着一株株地采，

不一会儿就摘得一大把。剔去杂草和红花籽，将鼠曲草洗净切碎放面粉和水调匀，加少许盐和芝麻拌匀，菜籽油小火慢煎，锅铲复压使饼变薄，原本“灰头土脸”的面饼吸足油荤，金黄起壳，吃起来野趣十足。

然而，久在闹市的你我，又到哪里寻野趣呢？我想，不妨去浏阳河边、去绿心跳马……心有野趣，自在芳华。

草木香中忆野蔬

湘北农村有句俗语，即“三月藜四月蒿，五月六月当柴烧”。这话的大意是，气温回升，万物复苏，以藜蒿为代表的野菜破土而出，似在提醒庸碌繁忙的都市人，当遵循不时不食的养生观，来个亲昵的“咬春宴”。

对“靠山吃山，靠水吃水”的湖区人来说，一日三餐、大道至简，这是取法有度、顺应自然的中庸之道。早春，山谷雾气蒸腾，泉水叮咚处，隐约传来猪獾、狗獾的叫声。山茶树下，倒伏的谷皮树梢，木灵芝和野木耳冒尖，冬笋似蚯蚓般拱出细碎新土。

山脚下，香椿芽、刺苞芽、鸡婆笋、地木耳等争相露头，跃上餐桌。我想，如有一册野菜群像谱，我们大抵可吃得两个月。你看，近水的洼地或沟渠小港边，水芹、荠菜、蒲公英、盐包草、鱼腥草、野生枸杞叶、灰灰菜和桑树芽次第相连，春光灿烂。它们，是园中菜蔬青黄不接时，打牙祭、换口味的时令抢新菜，吃上一口就能唇齿生香。

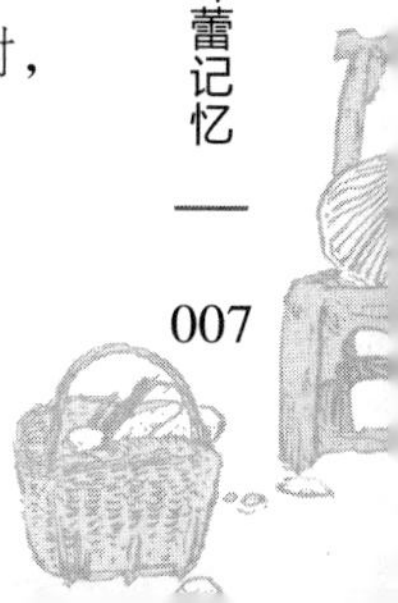

而我，唯独爱一味野生藜蒿。我的老家华容县塔市驿是自然蓄洪故地，依山傍水，草木丰沛。孩童放纸鸢的时节，年轻女士若提一竹篮行在河堤，弯腰采摘防洪林下不起眼的野生藜蒿，就足以镌刻出清新淡雅的“江畔早春图”。那是看到一茬茬绿色蔬菜的兴奋和感动，你只需撸起袖子在水中感受大自然赐予的光华，享受那份不期而遇的感动，体悟返璞归真的纯真。

藜蒿又名蒌蒿，是菊科蒿属，为多年生草本植物。苏东坡曾写道：“蒌蒿满地芦芽短，正是河豚欲上时”，将蒌蒿作为早春景象的代表，意指春江水暖，春和景明。藜蒿常和飞蓬等杂草混杂而生，其叶薄如纸，正面呈绿色，反面有灰白色软毛，轻搓可闻到淡淡青蒿气。经常食用藜蒿，可获生发、黑发、降压、降脂、消炎等功效。

而对聪明的商人来说，农历新年刚过，他们就用蛇皮袋，将一把把齐整的大棚藜蒿运到菜市场，这种未经风霜的藜蒿白中带绿，笔直而细，长十余厘米，上市之初售价约20元一斤。而野生藜蒿表皮呈深红色，皮较厚实，人工折断后，其遇水易翻卷成圆弯形，尤其是其嫩茎呈粗节状，淀粉含量十足，炒熟后口感极软糯，且略带忆苦思甜的草木蒿香。值得一说的是，也有勤快的主妇，吃完藜蒿后将根续栽在靠水塘的沙土中，覆薄膜大棚，开春后可以吃抢新。

野生藜蒿用手掐断带回，择菜时用手的虎口从上往下撸掉鲜叶，只留光秆的茎部，再用手择断即可。需注意的是，择藜蒿也是一门手艺活，择得太短则筷子夹不起，太长了则会哽喉咙。风吹肉泡掉盐分后，切成薄片下锅，腊肉煸炒出油，待飘散出肉香时，放入豆豉、剁辣椒或坛子豆瓣，将大蒜拍碎，再倒入一根根嫩生生、青翠翠的藜蒿翻炒，待藜蒿表皮起点状虎皮，就可起锅大快朵颐了。鼻不通、食无味时，夹上一片腊肉，咸香且略带嚼劲，来上一些藜蒿，又脆又嫩，清香爽口。

我知道，这些极简的珍馐，是那清苦农村里，一勺一铲间，氤氲出的岁月烟火气。

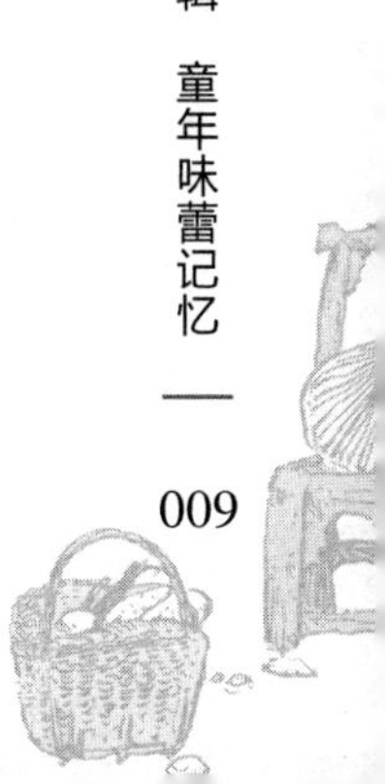

华容芥菜偶遇土鳝鱼，鲜

鳝状如蛇，坊间称蛇为长虫，鳝也称为长鱼。

我的老家岳阳华容县东山镇是典型的湖区深山小镇，农民多种棉花和早晚稻维持生计，日子清苦。然而，湖区人很有口福，湖泽沟渠水草丰沛，翻开革命草、浮萍和水葫芦，常见鳝鱼、土鲫鱼和小龙虾等水产。水中游物顶呱呱，又怎会暴殄天物？以黄鳝为例，全国用它来入馔的菜肴就有数十上百种，南京的炖生敲、无锡的梁溪脆鳝、苏州的响油鳝糊等，总算让这味好食材物尽其用。

对农村孩子来讲，这种喜栖息于沟渠稻田，头粗尾细呈圆筒状的鱼类，是不错的儿时玩物。它表皮滑溜、通体无鳞、色泽金黄，头部有不规则黑斑。老人们讲，小暑时节的鳝鱼进入产卵期最肥美，颇具补气血、强筋骨功效。

而我对鳝鱼的记忆，要回溯到二十世纪九十年代末。当时父母靠种田养家糊口，在离家几公里的老档堤种了几亩水稻和棉花，一季稻收割后只能自给自足，棉花则送到作坊雇工制作重量不同的棉被。那时，家里拮据，父母拉扯着我长大，端着犁头耙子扒拉生活，却没钱买肉吃，长年累月吃的是水盐菜（华容芥菜）敲蛋汤。唯独每年开春，秧苗即将落土时，一道来自大自然的鲜味，尽可让人大快朵颐、口舌打滚。

开春，万物生长。有经验的老农会把枯萎的谷篼和红花草翻耕用作基肥。春风沉醉的清晨，父亲牵着水牛下田，长且尖的铁犁直插地下20多厘米，人打着赤脚一边走一边快鞭打牛，原本平整湿润的泥巴从躺平状态变为如麦浪般“翻卷”，放眼望去，田间地垄一些冬眠后的泥鳅、黄鳝活蹦乱跳、无处藏身，我则提着塑料桶猫着腰跟在犁耙后面，用双手一一捡起。

不到半天时间，一小桶土货就到手了。耕完田回家，母亲会先把一些几两重的鳝鱼用清水养起，对于一些被拦腰折断的鳝鱼，会用剪刀从腹部划开，抠去黑膜和细肠苦胆，大而厚的鳝鱼不用清洗，而是直接用木擂捶反复捶打鳝背，手起捶落，鳝肉变得扁平，然后拱起紧致。柴灶生火、起锅放菜籽油，为防煳锅下少许盐，生姜丝、大蒜籽、剁辣椒依次下锅，当季藠头拍扁后同炒，也可放切细的华容芥菜同煮，带血的鳝鱼在锅中跳舞，表皮从金黄变为褐色虎皮状，内里却软嫩弹牙自带鲜甜，出锅前撒一把观音紫苏，香气扑鼻、带汁韵味，好吃得停不下来。

“大人子望种田，小伢儿望过年。”逢年过节家里客多，好客的主家也会烹制一道残暴美食，诸如干炸盘鳝。制作盘鳝需选一筷子长、拇指粗，无土腥味和泥巴味的土鳝鱼，由于是吃浮萍等杂食长大，它们与生俱来自带谷氨酸钠和氨基酸。锅铲上下翻飞，起锅后的鳝鱼焦脆起壳，沿着头骨以下2厘米的背脊处往下轻撕，牙齿用力、舌尖滚几滚，能够让鳝鱼巧妙地骨肉分离，懂味的好吃者只需一张嘴巴和舌头，完全不用动筷上手、大费周章。

我爱鳝鱼，鳝鱼好好吃！赠我一钵长鱼宴，不辞长忆洞庭春。

不知洋芋谁怜惜

农历闰了一个月，田间草木不滋长。往年的三月，这种名为“三月黄”的果蔬，早就应该“躺平”在餐桌和空气炸锅里了。农家喊它为洋芋头，城里人唤作土豆、马铃薯，其貌不扬圆滚滚，大抵是“舶来品”的缘故，帮它灰头土脸的外表平添了几分洋气。

对二十世纪九十年代的湘北农人而言，平凡的岁月，由酸菜、蓑衣萝卜和洋芋头交织，清苦却丰盈。初春，矮胖的陶米缸和敞口瓜瓢里，软皱的洋芋头上冒出青紫色芽苗。捞起切块，在冷却的草木灰里打个滚，消毒后就可以种植了。在田间开好浅沟、挖好蔸坑，下种时使芽眼朝上，既利于土豆发芽，又可促进土豆块茎形成并长大。清明前后，嫩绿豆苗下的土堆，踩着早春的脚步“发福”，从缝隙中冒出一串串皮白色黄的小芋头，用手抠出其中的大果再盖好土。此时，洋芋初长成，鲜嫩且难得。

它们不知有几多无忧无虑，出落于泥土之间，披着或

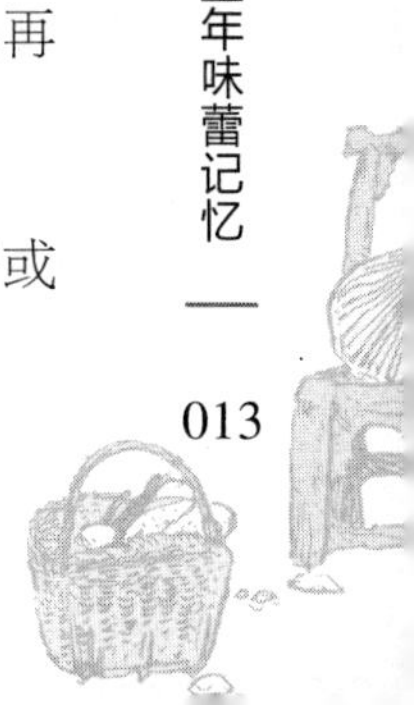

白或紫红的薄绸，用手一擦可轻松去掉表皮，胖瘦者皆可赏味，不怒也不争。突然想起有一年走亲访友，在猪栏屋发现一根造型别致的木质器具，仔细询问年长者方知，早年农村用陶罐煨煮汤水或中药时，由于灶里有余温，罐体表面温度较高，为防止烫到手，每家每户都制作了长一米多，一端有两根粗木齿的“助手”，名为拖罐把。闲暇时分，拖罐把也会被大材小用，它的“副业”是剥洋芋头皮。把洋芋头倒在水桶，井水没过后，拿拖罐把沿着桶身上下左右反复捯饬，洋芋头表皮自然脱落，内里却光滑无损。

有位在长沙生活三十多年的乡友，总感叹吃不到霉豆渣、白皮土黄瓜和潘家辣椒等儿时味，我深有同感，却笑他大肚便便，每天被鸡鸭鱼肉“围攻”。仔细想来，他的话也并非道理全无，仅以洋芋头来打比方，那种不施肥不打药，孩提之时吃到发腻，个头小、黄心、好撕皮的品种，在菜市场无可寻觅。买到的呢，一律是一斤多重的白心土豆，炸薯条也好，炒土豆丝也罢，吃的无非是些调料味，食材本身却细嚼无味。

忙碌的日子里，风华不过一日三餐，总念及田园和归去。每每有人感叹人生，常让我泪眼婆娑。多年前，奶奶家楼梯的拐角处，总堆放着一地糊着泥巴的洋芋头，有无意中挖破的，也有大小不一、形状各异的。每次回家，我都要带一些回来，开汤、红烧，或蒸熟撕皮捣碎后做土豆泥，放麻油和生抽拌匀，是早餐的佳品。当然，其经典吃法无非是大道至简，清澈自然。猪油烧热，土豆切片，炒制后开汤放淡盐和一小片桂皮，起锅时撒紫苏和葱花，洋芋头软糯甘甜，可以扒得几碗饭。

正是闰月里，无暇归去也。洋芋头熟了，无肉也可欢。

一碗油淋辣椒里，也有乡愁

每有纷纷的情欲和食欲萌生，都不禁悲从中来。

扪心自问，不过是想和旧友围坐，端一碗儿时记忆里的干炸整辣椒（长沙人喊油淋辣椒），拿它和岁月下酒。

选料要讲究，必须是二十世纪八十年代中期自然育秧的薄皮泡椒，柳青色，口感略甜。可惜，我手上没有自留的老种子。市面上的新品种和大棚货，产地多不在湖南，大多以产量和利润为尊，重塑了辣椒原有的味道。更有菜市场大得吓人的彩椒和菜椒，被化肥催熟后，俨然换了一副“面孔”。

毛主席说：“不吃辣椒不革命。”想来，辣椒还真与“搞大路”有关系。我不痴迷远方，只关注家乡。你看，燕子瓦铺盖的屋檐下，一根锈铁丝，牵起游子心。那是悬梁迎风摆的玉米棒子、朝天椒圈和大蒜头，黄红相间，看相十足，而这样独具风情的辣椒，于我，释放的是归家的讯号。

小满节气，沟平河满。雨水频袭，不见盛夏的果实，却有“人生是小满，花未全开月未圆”的圆满和缺憾。倘使走在初夏时的农家菜园里，茄子、辣椒、黄瓜、红苋菜、四季豆、黄花菜，望着你，它忍不住接连冒尖露头，似迎接父母夜班归来的孩童，真好。

满园春色里，我独爱那一味椒香四溢、去湿驱寒的辣椒。其秧苗不似黄瓜需扎藤搭架，攀缘而上。在松软的青泥巴地覆薄草席，每隔数十厘米就可移栽两蔸辣椒秧，细观之，其秧根部还竖插有两块长竹片，原来，是这细心的农人将辣椒树、草绳、竹片“合为一体”，以防风吹雨淋致枝败根歪。

而在湘北地区的华容县塔市驿，部分区域为自然蓄洪故地（指河堤背水面以外，临时贮存洪水和分泄洪峰的湖泊洼地，历史上也大多为江河洪水天然的滞蓄场所）。犹记得，外婆家土砖厨房20米开外，有一段人工夯筑的旧防洪堤，1998年洪水袭来，堤外建筑均被吞没。恢复生产后，农民多“画地为圈”种菜，即用机制砖或细长竹扎码篱笆，在园内种瓜点豆，自给自足。

因是自然蓄洪故地，江水长年累月的冲击与浸泡，使得泥中的钙、铁、镁等人体所需微量元素富集，也在昔日

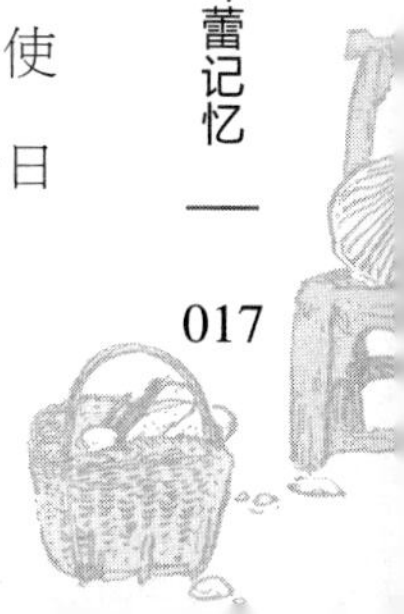

的长江入湘第一镇塔市驿，形成了一种独特的砂质土壤——青夹泥。和白夹泥、深脚泥、鸭屎泥（滂泥）不同，青夹泥土质松软，营养丰富，捏不黏手，将泥掰开来看，其中夹杂有大量风化变白的螺蛳壳、贝壳等，春夏之交雨水丰沛，泥土中也似有人工“过滤器”，轻易不会淤塞，辣椒秧也不至于因泡水而烂根，局部的土壤地理环境，造就了塔市驿薄皮泡椒的独特风味。然而，塔市驿何时开始种植薄皮泡椒，恐怕还需要有心人考证一番。

湖南湘研种业的辣椒博士M君说，在青夹泥环境中种植的薄皮泡椒有“皮薄、肉脆嫩、微甜”的特点，果实一般为不规则长圆筒形，长6—8厘米，表皮光滑、色泽翠绿，单株产果数可达50至60个，其椒蒂自然弯曲带特殊香味，椒身自带冲人辣味，而椒尖则藏有一丝甜味，食客能在一种辣椒里，轻松体验大自然赋予的复合型口味。

塔市驿薄皮泡椒个头不高，辣椒秧离地三寸高时，就开始分枝和开花结果，侧枝和分枝初再长出青椒，垂地时需及时摘去以达到疏果效果，对于多余的侧枝，也要及时掐去，否则辣椒苗易长叶而不挂果。

临饭点了，端起竹筲箕下田沟，随便可摘得十余个辣椒，洗净后将辣椒蒂把向里轻冲，再借势往外拉出，将果体内的辣椒籽倾倒干净，把辣椒用刀轻轻拍扁，其形态也由完整变为散乱，下入不放油的锅里干炒，放适量盐，将青味去除后盛出备用。

土菜籽油下锅，烧热后倒入整辣椒干煸，上下左右翻动让其均匀受热，并用锅铲不断按压，增加辣椒与锅的接触面积，这样更易炒熟和节约时间，一直煸炒到表面微焦，再到起虎皮斑点时，锅里开始发出噼里啪啦的声响，放些豌豆酱或麦酱快速翻炒，再放陈醋和大蒜少许，经过柴灶烹饪后的辣椒变得辣中带甜，口感爽脆，绵而不烂，不仅有一筷入喉、大口吃肉的爽气，远远闻起来，更有一股浓烈的焦香味，不似长沙本地人爱吃的水煮大棚辣椒或烧辣椒皮蛋，纯靠些生抽等提鲜。

如今，我们下馆子点油淋辣椒或到菜市场买椒烹饪，为何很难寻回儿时味道？辣椒博士M君解释说，首先，种子一旦脱离原有环境，果实就会因土壤、水分和温度变化而产生口味差异；老种子一般为农民自留种，虽经人工去杂选种，但产量极低，而经过杂交和改良的辣椒，产量高但椒香味不浓；其次，农村种菜多施用禽畜有机肥，无抗生素和激素等化学物质，既无催熟剂，也非大棚和化肥产物；最后，土锅土灶炒出的菜锅气足，油好人好氛围好，

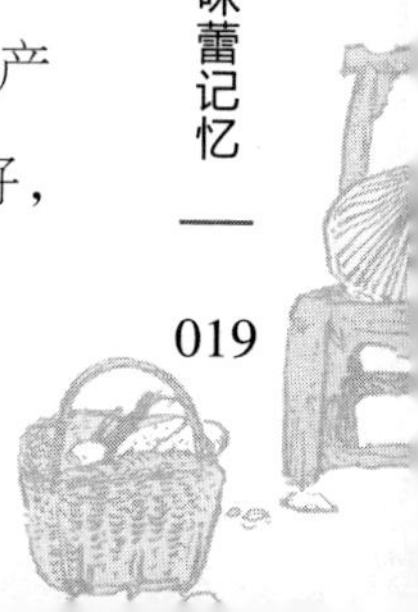

上菜就被大家用筷子开抢，当然可多咽下几碗饭。

到了深秋时节，薄皮泡椒薄软的果实变得坚硬，颜色也从青色变为深红或大红色，辣度也随之提高，辣椒素则分布在胎座周围隔膜及表皮细胞中。这时，摘下辣椒洗净吹干水分后，两把铁刀左右开弓，人工将辣椒的形态解构，直至由整为碎、汁水溢出，加入适量盐拌匀后进老坛，密封保存一月有余，一坛色泽鲜亮、坛香十足的剁辣椒就大功告成了。

不过，也有爱钻牛角尖的老饕评说：“美食偏执者和固执者都认为，传统的手艺即是最好的。这类食客，即使是到了美国洛杉矶，也要从湖南带一瓶剁辣椒下酒。”其实不然，我所追寻的这味提神醒脑的薄皮泡椒，不为烹饪技法而束缚，啰唆言语中，大抵是为将沉睡和装睡之人唤醒，提醒自己不忘来时路，走好未来每一步。

以木耳之名

想来，你我皆为“草木之人”，再普通不过。

然而，“人在草木中，焉能不知茶”？生活的悲喜哀欢，或许要靠荼蘼花事和山间辟谷消解一二。春风不度，莺飞草长，昔日人声如潮的禾场，次第长满蛇莓、蒲公英、益母草、紫苏和革命草，它们仿佛借了时节来壮胆，竟在孤零零的黑土地上，无故缀了些橙绿红黄。

大地色，醉人泪眼。扒开小路旁的刺槐、青竹，再上幺姑坟山。早些年，村集体以长条石碑为记，将一处处低矮的山包，一组组分到各户，而后又被乡邻作为祖坟山祭供长眠的先人。山岭寂悄，楠竹、茶树、柞树、梨树、李树和桃树，以及一些不知名，被用来入窑烧炭的杂木，它们都是短住户。上山采药或砍柴的人，随时会将树枝折断，风雨飘摇中，它们往往轰然倒地，如沉睡的木人，与薄如蝉翼的竹叶，以及经年累月堆积的腐殖质为邻。就算人声鼎沸，它们也难听见。

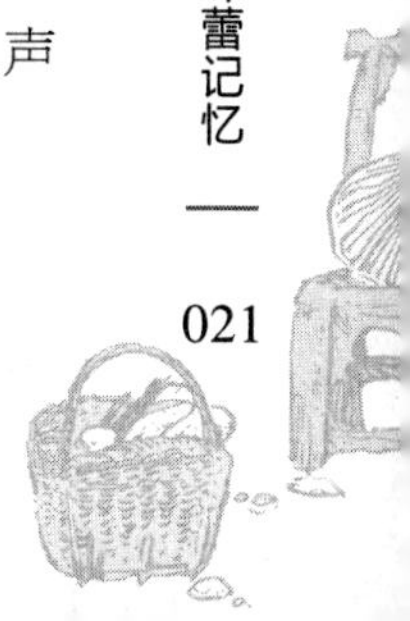

你我皆凡人，最珍贵的记忆，往往最易遗忘，唯有念兹在兹。在这个悲伤的季节，想起故人，唯有以木耳之名，才显食欲和山珍之贵，方能念起岁月清浅。野生木耳，本质上有毛面和光面之别，背面身着白绒毛，喊毛木耳；两面光滑如镜者，喊光木耳。而据农人的经验，木耳常长于朽木之上，谷皮树被伐的树干或去皮处，常有如鸡毛桩一样的耳子茬茬冒尖，古人称："乃湿热余气所生，曰耳，象形也，以软湿者佳也。"亦有好吃者发现，木耳多生于桑、槐、楮、榆、柳树上，其味道犹如土鸡汤鲜爽无比，一般在春夏之交或六月多雨时采，采后在太阳下暴晒，可保存数月之久。木耳性味甘平，主治益气不饥，轻身强志，并能治疗痔疮、血痢下血。同时，常吃木耳有助减肥，对高血压也有疗效。

奶奶健在时，常在雨后初晴的时候上山，猫着腰在山茶树下的一根朽木前拨弄，一旁的箩篮子里是半透明或暗黑色，摸起来极富弹性、柔软冷冰的木耳，其以侧生短柄轻着于树，直径不到10厘米，边缘呈不规则波状。将木耳摘下后，用手掐去尾部粘连的树皮、木屑，揩掉鼻涕虫，用冷水洗净后，在开水中焯一遍以去除杂质和动物虫卵。

将木耳放在柴灶锅里干炸，待两面炸到松软甚至发出噼里啪啦声响时，就可盛出备用。放入混合后的猪油和菜籽油，将生姜丝和大蒜籽炒香，下精肉片、木耳和少许剁椒炒入味。出锅时放少许青红椒或大蒜叶，山野珍品的甘香味、草木味和鲜甜味就来了。一瞬间，食客仿佛要将整个春天一口吞下才过瘾。

而今，木耳仍在旧地长出，直到发软、霉烂，终究无人去采。空房子外空鼓的窗台上，零星散落的干木耳，张着大而空洞的耳朵，孤零零躺在那儿，仿佛要吟唱一首春天的挽歌。我回过头望了望，目之所及，除了楠竹满山和春笋拔节而起，一丘开垦多年的菜园里，接替奶奶来种地的伯母点了几窝黄瓜苗和西瓜苗，洋芋头已开出黄白相间的花骨朵，辣椒挂起了果实，唯独不见昔日的持锄人。

我在长沙的短暂漂泊居所，幸而和群山不远。骑车不过几分钟，就是连片的公墓山或荒山，年少时觉得极其可惧，如今却胆大如斗，极其向往山中的珍野、野菜和山笋，以至于觅得些许闲暇时，就提起蛇皮袋往山中蹦跶……

食之无味时，常常一个人去安置小区外的常德粉面馆，点一碗木耳肉丝粉。下筷处，肉丝已炖得糜烂，木耳也切得细长，咬起来有脆弹口感，全然不是野生的质感和口感。而盆中冷水浸泡的木耳，绒毛多，叶片大，一朵少说有三两，店家称它为毛木耳，仿佛是吃了营养剂或膨大剂，弄不清其门道。然而，却很少有人知道，我在举筷和落筷间，怀念的是那个季节里，野趣十足的山珍之味。

念念然，不如归去！夏上半山岗，再下野藕塘。

太极图的“庖丁解牛”式吃法

卷，似乎也成了一个代名词。走在菜市场，可以看见青葱白玉的花卷，也能闻见广式肉卷的香气，抑或是蛋香四溢的蛋卷。卷，是卷了点，但不妨碍口味好。

说起卷，一贯“躺平”的鳝鱼，只怕也要被迫从水里跃起，飙出好远。所以，幽默的长沙人给鳝鱼起了个外号——射鱼。然而，这种像刀剑一般的鱼，经过高温油爆，也开始变得“内卷”，它将身体卷起来时，和太极八卦其实无甚关系，然而人们却喊它太极图。而在湘北地区和湖北监利一带，吃货们则根据其熟后形态，将其唤作盘鳝。

我的老家华容县是典型的鱼米之乡，既有大江大湖，也不乏沟渠塘田，水草丰沛，多虫鱼鸟兽。早春时节，是鳝鱼、泥鳅快速生长时，鳝鱼以小鱼小虾或浮萍为食物，每天驭水而游，皮肉紧致弹牙，血液有滋补之效，富含多种氨基酸，是高蛋白低脂肪鱼类。这种“出淤泥而不染”，与泥土肌肤相亲的野生无鳞鱼，可红烧、可干煸，因此颇

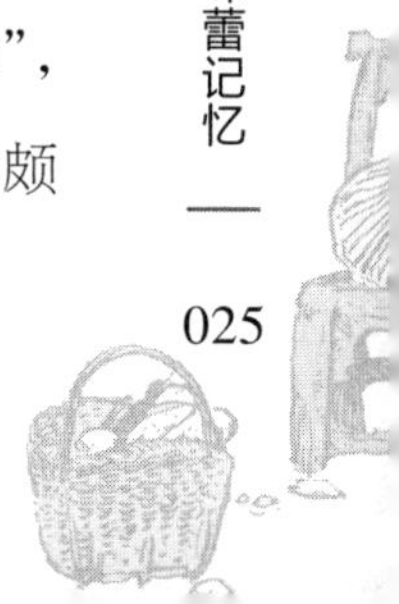

受乡邻喜爱。

事实上，野生鳝鱼极难徒手抓住，它稍微用力就挣脱了，而养殖的鳝鱼则懒洋洋，不爱游动。以蚯蚓为饵，将地笼下入长满革命草和芦苇的浅水里，一侧露出水面，给鳝鱼留有呼吸的便门，再将枯草等堆覆其上为饰，耐心等待一晚，就看第二天早上的渔获了。天麻麻亮，穿水裤或套鞋，手持铁锹或木棍，随父辈轻敲草面以驱“长虫”。根据事先的记忆，脚踩塘底“摸石头”起地笼，不管水深或水浅，也无所谓是否打了窝子，收获的是捕鱼过程的快乐。与用电瓶打鱼不同，这种遵循自然的方式，是不搞竭泽而渔、学会捉大放小的中庸之道，也正是善食者留其源，遂源远流长矣。

运气，总是眷顾勤劳的人。沉甸甸的桶里，既有一筷子粗细的嫩鳝，也有肚皮金黄、外表乌黑、半斤一条的老鳝。鳝鱼生命力极强，即使十多天不喂养东西，靠这一味水，也能如鱼得水，力争上游。在农村，大家都舍不得吃老鳝，将它们用陶缸喂养后，只等贩子上门一囫囵收走才算完事。

而侍弄小鳝鱼呢，则不需专业的剖刀、钻钉，只需要将大小不一、溜滑壮圆的小鳝鱼用清水喂养，待其将腹中泥沙吐出，迎接他们的，是“残忍又温柔”的烹饪技法。按我的个人经验，家里来客时，首先把数斤小鳝鱼用蛇皮袋装好、扎口、摔晕，倒出用清水洗净黏液，沥干水分备用。锅子烧红下农家菜籽油，把晕乎乎的鳝鱼以最快速度倒进锅，并立即盖上锅盖。需要提醒的是，厨房新手盖锅盖时能快则快，倘若慢盖几秒钟，鳝鱼会因高温灼热而跳得满灶台都是。此外，做盘鳝切不可选太粗者，粗则半生不熟，太小则易焦煳而致肉质变老，一筷子粗细的为最妙。

为了抵御高温，小鳝鱼反复蹦跳后卷成一盘，两侧被炸得起虎皮，中间部位则因蜷缩而更显肉质鲜嫩，因熟后呈太极图状，炸鳝鱼这道菜也因而得名太极图。其间，还要佐以桂皮、洋葱碎、姜蒜末、干椒粉、白糖、生抽、陈醋和蒸鱼豉油，起锅前还要撒上一把现摘的观音紫苏。观音紫苏是华容本土特有的野生紫苏，叶片两面呈鲜红色，香味比菜市场人工种植的紫苏更浓，也可起去腥提味之效。刚上桌的太极图要趁热吃，用嘴把炸得干香四溢的鳝鱼从中撕开，扯掉肚里的肠子，同时要注意莫把粘在肠子上的血块扔掉了，据说小孩吃鳝鱼血可噌噌长个子。

犹记得儿时的流水席上，一碟焦香油亮的盘鳝上桌后，小孩们常常不管“三七二十一”，自然是拿筷起抢，大人们

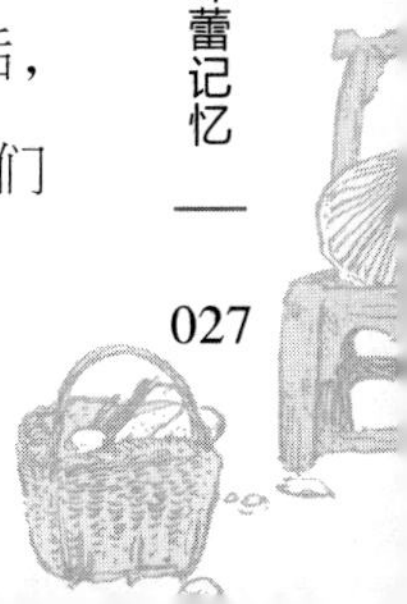

熟稔的样子孩子们学不像，只好沿着鳝鱼脊背的纯肉部分，一口口、一段段地咬开，纯属吃个热闹罢了。

而在我们村，有个最会吃鳝鱼的角色，被大家称作“鳝鱼小王子”，其人只有三十多岁，嘴巴却厉害得很，他认为，吃太极图最“顶配”的吃法，就是只用筷子不用手。吃时，从鳝鱼嘴巴下面接近脖子的部位，哧溜一下拉出一条线，先把纯肉的部分吃掉，再将附着有肠子和血块的一长条肉撕下，留下的是鳝鱼完整的头骨和脊背骨。这种“庖丁解牛”式的吃盘鳝方法，只需用到牙齿和舌头，考验的是舌头的灵活度和嘴巴的配合度。以至于后来总有人笑他，说“巧舌如簧”的人，谈恋爱和亲嘴时也一定特别厉害……

你好，田螺姑娘

如果有一天你老了，而那时候的你，正斜倚西窗，暮色沉沉。试问，倘若老天爷给你一个机会，你最愿意去做一件什么事？

面对这类沉重的话题，许多青年人或许觉得好笑，甚觉不必在乎：我们年轻得很，正是玩得起飞的年纪呢！而香港美食家蔡澜，给出的答案却不同。他在散文《死前必食》中列出清单，整理了自己心目中最好吃的美食：既有贵到逆天的鱼子酱，也有家常到不行的猪油捞饭，更有惊人绝味的潮汕炭烧响螺。

想象一下，响螺切片，肉质紧实，蘸少许沙茶酱和橘油，小酌一杯红酒或清酒，真是浪漫而优雅。然而，我们这种湘北的乡里伢儿，见识和学识都短，虽有湘人胃，极爱尝试，却唯独不爱响螺只爱田螺。

田螺是一种软体动物，为软体动物门腹足纲前鳃亚纲，是淡水螺类，体外有层螺旋式硬壳护身，且生存环境多为

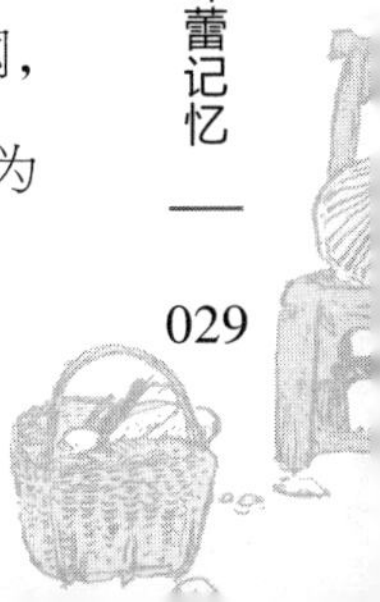

稻田，因此被唤作田螺。与荷花不同，荷花出淤泥而不染，而灰头土脸的田螺则是低调卑微之物，沟渠、田野、湖汊，无论是弹丸之地还是大江大湖，都有它们不卑不亢、驭水而行的身影。你看它，风霜雨雪总不避，坚强时，似“迷你核桃”；温柔时，似娇滴滴的“田螺姑娘”。而我倒要忍不住问问你，作为一个有理想的田螺，螺的有意义的一生，应该要怎样度过?

作为村里昔日典型的留守儿童，我们对螺的爱可谓跨越山海。每逢暑假，我都随长辈坐绿皮火车到深圳省亲。从农村到都市，年少的肩膀上免不了有几个蛇皮袋，里面一律装了些藕尖、酸柑子，间或有酸菜、洋芋头或其他吃食。摇摇晃晃到天明，一身臭汗，不出意外的话，在工业园区开粮油店兼蔬菜行的舅舅，一定会开车来接我们。等我们补完回笼觉，当晚，桌宴上的美食，一定会有花螺、花甲和基围虾等海鲜。

许多年后才明白，花螺和田螺，根本不是“姊妹”，舅舅买的是海螺，是真正花了“血本”的。其本质区别在于，除了生存环境不同，售价和口感也不同。

那时，父亲尚在一家港资企业务工，母亲则打点零工，日子紧张而时间富足。工厂的集体宿舍里，广佬、江西老表、常德人南腔北调，深夜了，常有“夜猫子”玩游戏；

窗外，工友们醉意正浓，吃着3块至5块不等的荤素菜，吵架声和骂娘声也常有。那个年代，大家虽然手上不富足，但好在诚诚恳恳。

人如猫狗，离散失所；崽随伢娘，兜兜转转。仿佛这就是我们的人生，欢喜也好，伤悲也罢，父母本意上并不希望子女折腾或走弯路。但是，路不去走，哪里还有路呢？那个年代，搬家，对年少的我来说，是常事。有时候，许多人一定希望自己像田螺姑娘一样，把身子蜷缩在坚硬的躯壳下，外表坚强，内心柔软……

有一年，我们搬到布吉上水径的一处山头居住。那是一处四合院，临到饭点，一家锅响几家香，端碗蹓一圈，可尝遍葱油鸡、巴浪鱼和折耳根。母亲喜鼓捣美食，比如，她经常托舅舅从菜场买几斤田螺，滴几点麻油在桶里喂养半月，让其吐尽污物，其间还换几次水。用老虎钳夹掉螺尾，反复搓洗，潦水备用，洋葱切得米碎进锅同煮，只放食盐和葱花，吃的是食材本味和鲜香。我呢，则习惯将吃剩的田螺放到晚上再吃，螺肉“喝饱”了汁水，反倒更好吃更入味。

农忙时，也常和田螺相遇。湘北多植棉花、南瓜、花生、黄豆。夏日炎炎，捡完棉花，口干舌燥，待罐里的水被晒得老热时，沟渠里的草藤和青苔上，田螺正缓慢爬行，

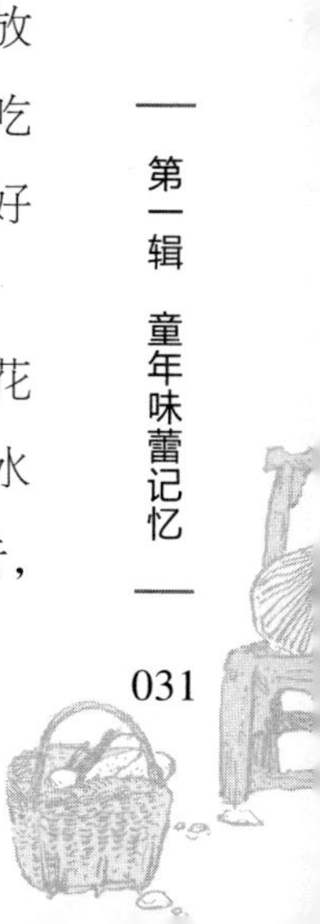

好不自在。调皮的孩子将手伸进泥沙，不消半小时，就可摸到半桶田螺。

而在山区的梯田里，有一种每个均重一两的大田螺，其色青黑、螺肉肥美，捡十来个就可炒得一盘。早春时节，打赤脚下田捡螺，而后用铁签或起子剥出螺肉，用面粉或盐反复搓洗，撩水几遍去掉泥腥味，再切成斜片或碎丁，拿干黄椒、韭花、紫苏叶加醋和白辣椒爆炒，放水加盖复焖。也有个头不大的田螺，一般是拇指大小，呈圆锥形，壳盖有角质和环纹，螺壳顶端尖下部宽，两侧有触角，如遇刺激，立即缩回，以壳盖封闭壳口。农忙之余，用竹撮箕沿沟底来回抽动，捞起后，可看见水蟑螂、虾米、田螺等，还有憨憨的麻嫩子。

挑出田螺喂养干净后，燃柴火灶，下菜籽油爆姜出辣味，加剁辣椒、桂皮，喷白酒或白醋去腥，放几勺豌豆酱或小麦酱，高压锅上汽压两分钟即可。值得一提的是，吃这道菜极其考验耐心，若食客舌功不够，嗍时不甚用心，恐难吸出螺肉；如下嘴太猛，则易将秽物一同吸入。这时，如果再嗍到个未挑出的死螺，那真正是，一个田螺坏了一锅好汤。

侍弄田螺，大道至简。或许只有乡野之人，方可体悟“治大国如烹小鲜”背后的些许匠心吧。

红苋汤中知夏长

孟夏时节，菜园是百花园，更似百草园。

三味书屋不见，却常闻见赭红色旧木箱里，梅雨节气裹藏着的霉书味和书香味，阅者方知。房间的泥土还流着汗珠，却足以为光脚之人揉按穴位；衣服黏在背心，似溏心皮蛋一般，远比齿缝中糊了片辣椒令人厌恶。炊烟慢慢弥散时，一声呐喊，唤出柔柔弱弱的书生气，端坐人抬了抬镜框，方觉是吃午饭的时候了。

湘北人把苋菜唤作 “汗菜”，大意是流汗季节时必须吃的菜。雨后初晴，松软的菜垄里，涌出一股潮气和青草香，这是马齿苋初长的季节，随意撩拨凉拌淋麻油，这道菜微微泛酸，却是大自然最淳朴的馈赠。

以竹篾为拱棚，上覆塑料薄膜，只需个把星期就能出苗，一茬茬左右为邻的苋菜扎堆冒出嫩芽，其间施农家肥或隔三岔五淋水，原本绿色的叶片上仿佛也晕染了些紫红色，煞是好看。天晴时，掀开膜布防止高温烧苗的同时，

也可为菜苗提供生长所需的二氧化碳等。几天后，就要手工拔草或疏苗，即用拇指和食指轻轻掐去细弱的幼苗，以达到调整株距的目的。

端午节前，清早上菜市场，可见一捆捆、一把把鲜嫩欲滴的苋菜，它有纯绿色和红绿色之分，绿苋菜叶面和梗子呈淡绿色；红苋菜的叶子中心区域为红色，边缘的锯齿形呈绿色，梗子为粉红或淡绿色。苋菜为一年生草本植物，其茎粗壮，根细长，菜味浓郁，入口甘甜，有清热解毒、降血压和增强体质等功效。

在作家张爱玲的笔下，这道菜是色彩丰富的：“苋菜上市的季节，我总是捧一碗乌油油紫红夹墨绿丝的苋菜，里面一颗颗肥白的蒜瓣染成浅粉红。在天光下过街，像捧着一盆常见的不知名的西洋盆栽,小粉红花，斑斑点点暗红苔绿相同的锯齿边大尖叶子，朱翠离披，不过这花不香，没有热乎乎的苋菜香。”

年少时生活在外婆身边，天气燥热或蝉鸣时，大人小孩胃口不佳，临近中午不会专门生火做饭，而是撩几勺早上煮的米汤饭锅巴粥，配菜通常是酸菜或炸蚕豆。小孩子本是胃口全无的，倘若听到家长“中午吃红饭”这一说，一定会踩着拖鞋猫着腰，赖皮般跟在大人身后，央求体验摘菜之趣。搬板凳坐下，左手拿出根笔直长软的菜来，右手拇指和食指默契配合，指甲盖和指头间的是韧劲和巧劲，沿苋菜顶端和分叉的枝叶，巧手翻飞间就可折出便于入口的寸断，丢弃底部老且有茎的梗子，将菜洗净后就可备用。热锅下熟猪油，猛火将菜炒熟，菜汁会氤氲出紫红色，出锅前放入大量拍破或切碎的大蒜。吃时连连举筷，苋菜入口柔滑，吃后将汤汁淋入碗中拌米饭，饭也被染为“红饭”，稍观之都会胃口大开。

苋菜之味，古来尤珍。诗人孙元晏在《蔡撙》一诗中有 “紫茄白苋以为珍，守任清真转更贫”的句子，把紫茄子和青苋菜比作山珍，而即使吃得朴素清贫，这样的日头也是极快乐的。而袁枚所写的《随园食单》中，亦有关于苋羹的方法：“苋须细摘嫩尖，干炒，加虾米或虾仁，更佳。不可见汤。”古往今来的诗词佳句间，仿佛有一曲曲田园牧歌，萦绕在食苋者心头。

而到了深秋时节，苋菜已长有半人高，农人将它砍下切碎，煮熟后喂生猪，是给猪“贴秋膘”的好食材。这时，也要为来年做好准备，有经验的农人将红褐色的苋菜种穗割下后晒干，来年开种前，将苋菜穗搓揉或敲打一番，就可把种子弄出。

来年育种时，足可想象的是，夏日一抹红一定会像彩虹般，在你我心头，散发出闪亮的光。

为念桑梓情更浓

小区家长，最近四处在寻觅桑叶，这是蚕最爱的食物。

作为药食同源性植物，桑叶历来颇受待见。比如，陶渊明写下“狗吠深巷中，鸡鸣桑树颠”这样的句子，《诗经》里也有“桑之未落，其叶沃若，吁嗟鸠兮，无食桑葚”的表达。旧时，古人常在屋旁栽种桑树和梓树，后人则用“桑梓”比喻故乡，以表思乡之情。

然而，世人往往颇爱荤腥之物，桑叶这味最普通不过的野菜，鲜有机会上餐桌。在湘北农村，农人几乎不去吃它，而是用刀砍下切碎后喂猪或喂牛。对于长居异乡的我们而言，认识桑树要先从桑葚开始。

每年五月至六月，当桑叶在风中摇摆时，不消十分钟时间，地上落满的红黑不一的桑葚，往往会引来不少麻雀和鸡鸭啄食。桑葚是桑树的果实，野生桑葚呈卵状椭圆形，长1至2厘米，成熟前硬且小，先是绿色，再转至粉色，最后蜕变成大且软的红色果实，口感也由酸涩转为纯甜。每到这时，乡里的土郎中，会专门喊人在桑树下扯一块油布，自己则拿起竹篙将半熟的桑葚敲下，洗净晾干炮制后泡酒，并神秘兮兮地丢下一句：这个东西滋补得很，大家有时间来喝。种瓜点豆的农村人，根本不信那一套。我到长沙读大学以及进入社会后，熟稔的医生朋友多了，才发现桑葚全身都是宝，野生桑叶和桑葚更是一种珍贵的药食兼用植物，有抗氧化、抗衰老、降血压等功效。不仅如此，将其通过二次加工和开发，还能制成桑果汁或桑果酒等。

年少时，犹记得黄瓜藤上刚挂果，我们这群“熊孩子”放学后丢下书包和作业，三五成群地爬桑树掏鸟窝。个子不高爬不上去，于是干脆一人在下方当“人梯”，一人斜跨在其肩膀上，再借势借力向上一冲，待爬到树腰之时，哪里还看得见幼鸟，只有枝头一簇簇玫红的桑葚，如糖果般在大家的心头晃悠。这时，手中的塑料袋就派上用场了，甚至裤兜和衣服，都可以盛装夏日美味。暮色沉沉时，大家才想起回家，外婆看到我们染红甚至乌黑的嘴唇，以及被染了色的“乌龟爪子”和衣服后，往往不会多言，而将牙齿一咬，从墙角拿出一块褪色塑胶搓衣板，至于是面壁思过还是跪搓衣板，全凭孙辈们的悟性和认错态度了。因贪吃桑葚而被责骂的经历，我的记忆里仅有一回。没啥大

不了的，今天长完这个记性，下次大可以试试吃些其他野果子。

“五一”小长假期间，看见禾场外的野生桑树，我不禁突发奇想，径直采下几盆娇嫩的桑树尖，洗净切碎后一起打入土鸡蛋液中，搁些盐、姜末和生抽打散，香煎后有大自然的气息。还有一种适合老人和小孩的吃法，即将桑叶一片片放入滚烫的手工肉丸汤锅中，临起锅时再淋入蛋黄液。如果乡愁有味可循，我想，肉香、野菜香和鸡蛋香，一定是春夏之交最暖心的味道。

我的家乡华容县塔市驿位于县境东北，1977年，政府决定组建江洲桑场，一时间，大家忙着开荒种树，养蚕抽丝。1980年，江洲桑场全面实行种桑养蚕联产到劳责任制，全场蚕茧总产量和总产值均增长2.5倍。在湖南省蚕桑生产会议上，当时的场长还以《党的政策落实好，蚕茧增产二倍半》为题，作了典型发言。1998年，长江发生特大洪水，华容县洪山头的“天字一号”河段因垒了长江沿线最高的子堤以拦挡洪水，被称为“中华第一子堤”。而江洲桑场因受了“天字一号”的庇佑，免于洪水侵袭。那时候，我们一家和舅舅、姨妈一家，临时迁到桑场小学躲水灾，十多个人居住在老房子里，热闹而平和。那时的记忆里，就已完全不见桑树，目及之处，是大片的麦李子树和血桃树。

而桑树，仿佛又是作为“留守儿童”的我，幼时的心灵寄托所之一。夏至未至的时候，周末在家午睡过后的我，常被暂歇在桑树上的蝉鸣或鸟叫声惊醒。醒来后，房间空无一人，而那时居住的房子修筑于二十世纪八十年代，老屋进深长、房间多，外婆大抵是出门打麻将了，每间房都安静得出奇，只剩我，和安静的老物件对视。

忙里偷闲时，不妨到乡下，桑葚在枝头，向你招手。

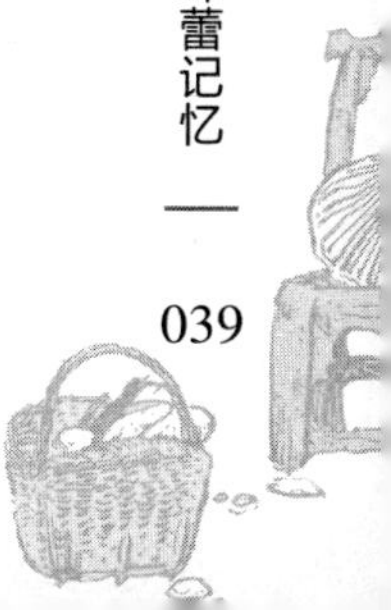

端阳日里话至鲜

端午正逢芒种，往年的这个时候，天麻麻亮，细伢子都要吵着随大人上墟场，目之所及处，皆是烟火气。柏油路似要吱吱冒油，木架油布支成的简易凉棚下，油光锃亮的竹蒸笼冒热气，肉包热得粘嘴巴；煤炉子当街煮粽子和苞谷，上覆白色湿毛巾，香味却弥散一条街；头顶草帽或毛巾的农妇，栖脚时将蛇皮袋一扯，黄瓜、丝瓜和茄子、辣椒借势滑出，等待有缘人赏味；箩篮子里呢，是抢鲜的本地谷李子、血红桃，油光发亮或通体白毛，似在调皮喊话远行的游子：伢儿，回来过端阳哦！

这里是湘北地区的华容县，一个没落码头小镇的仲夏日赶集场景。在那里扎根的居民，多生于二十世纪五十至七十年代，房子也差不多建于那个时候，甚至锅碗瓢盆和腌酸菜的老坛，也都一把年纪了。它们沉默无言，却用蒸煮煎炸腌等方式，默默地提醒青年人，劝君早作为，当下且惜珍，顺其自然吧，最后，永远不要试图与岁月对抗……

已过而立之年的我，这几年，对时节和家族大事尤为关注。前不久，族里正式启动二十年一次的续谱工程，族长议定五修族谱式样、排版方式等细节后，房长则根据分工收录本房族丁情况，比如毕业于哪里，在何处就业。我因在省城喝了几年“墨水”，有幸忝列助修之列。其间，翻阅四修族谱通读竖版文字，细观宗族祠堂图，发现自己似在与宗祖隔空对话。

树之有木，水之有源。我是谁，来自哪里，去向何方，这样的问题，似乎很让人语塞。唯一可以确定的是，世人端午节期间祭祀的屈原，其实本名并不姓屈，而是姓熊（屈原出生于今湖北省宜昌市秭归县屈原镇屈原村贵族家庭。他与楚王同祖同姓，皆姓芈，后楚王以熊为氏。到楚武王熊通时，其子熊瑕封于屈地，故以屈为氏。后来姓氏不分，熊瑕便姓屈了），是我遥远的祖先和族人。倘使屈原还在，相信他一定和我一样，爱吃爱笑爱玩，有一个“有趣的灵魂”。

我的老家华容县塔市驿位于长江主河道一隅，外河边有建于二十世纪六十年代的江洲芦苇场，万亩芦苇依水而生，浩浩汤汤。作为生态湿地，其间水草丰沛，长满杂树

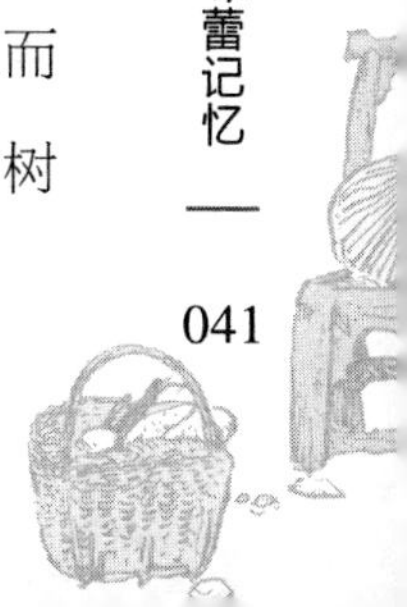

和藤蔓。芦苇叶可用来包粽子，端午前后，村民们骑着摩托或单车，腰绑长条蛇皮袋，手持快剪将大且阔的芦苇叶咔嚓剪下，用淘米水或清水浸泡几日，包粽子前用抹布擦洗叶片，装入糯米填紧压实，三角龙粽数十个为一串，下铁锅用滚水煮熟，揭盖时清香扑鼻，吃原味或蘸白糖，味道都极佳。

在湘北农村，过端阳时吃粽子是标配，其他特色吃食能否上餐桌，则要看农人是否足够勤劳了。禾场下方的野塘或沟渠里，长满了状如蜡烛或香肠的植株，学名叫菖蒲或香蒲，乡里喊盐苞草。“蒲草韧如丝，磐石无转移。”仲夏时节，草木疯长，野塘沟里的盐苞草竖起长柄绿叶，与茭草混为一体，扯时需认真辨别，双手斜抓草秆劲用巧，将盐苞草从淤泥中拔出，十多根就可凑得一小盘，手工将绿叶和外皮剥掉，只留下根部附近软嫩白皙的嫩茎，改刀成寸段，放猪油清炒或放菜油素炒，只搁盐和大蒜籽，真正是各有其味。

也有不辞辛苦的主家，从塘里捞出一道夏吃藤、秋吃果的野菜，和家人一道分享。以竹篙或铁耙为器物，将长势喜人、尚未开花的菱角藤捞出，翻面后择去泡沫状细枝，只留连接叶与根部分的细长的藤。将藤上携裹的青苔和浮荐洗净，切段后清炒，吃的是当季奢侈和“塘鲜”至味。而中医也认为，其貌不扬的菱角藤药食同源,有祛风除湿、舒筋活络、利尿消肿和补脾止泻之效。我的一位舅妈常年寓居深圳，为了留住这一口家乡味，她将一大捧枝叶繁盛的菱角梗摘回，用盐稍腌后挤干水分，拿真空包装袋装好进冻库保存，吃前自然解冻并切成两厘米的段，放猪油、肉丝、青椒和蒜末炒，这一来源于大自然的菜蔬自带江湖气，纵使寒冰也难封住，吃起来依然口舌生香。

过端阳时，子孙辈聚齐了，我的外婆会赶早到肉铺挑选上好的五花肉，烧毛洗净改刀成麻将块状，铁锅置于煤炉上，锅中不额外放油，下去皮老姜片和几块薄桂皮，高温将油脂逼出时以油煮肉，油脂稍出时淋酱油，下半勺自制陈坛豆瓣酱拌匀，黢黑的颜色“咬住”肉身后，放水盖锅盖焖煮一个半小时，收汁前放入一捧大蒜籽，直至绵软即可出锅。小火煨熟的红烧肉，一口咬下去，精肥之间可见细嫩肉丝，肉块油而不腻，香而不柴，是下酒和拌面的“神器”。

湖区，往往是靠水吃水。儿时的记忆里，端阳节日似乎没有那么多哀思和怀念可寄托，大家以节日之名珍惜眼前人，把“悲伤逆流成河”的日子，过成了亲人团聚的美

好场景。你看，大家其乐融融相聚一堂，这人负责择菜，那人负责洗菜切菜，烧火佬负责起炉火，掌勺者负责活色生香，晚辈们则是搬起桌椅板凳围炉小聚，吃点好吃的，说点吉利话。

而端阳当天中午的餐桌上，必定少不了时令的鳜鱼、龙虾、虾米和黑鲫鱼，还有吃草的水鸭、咸鸭蛋。对了，菜园里的豆角、黄瓜，也一定是家宴中素雅至极的配角。

长居闹市苦，盼还乡，馋虫呵，已爬上心头！

黄瓜又熟了，人无再少年

父亲的菜园，“有喜”了。

河边一处待开发的规划用地上，贫瘠而满布荆棘，被他零零星星缀了些瓜果蔬菜类植株后，如今似夏日幽帐。开春雨水发旺，不少农户望园兴叹，雨水将致辣椒和黄瓜秧腐烂断根，唯独父亲早育的秧苗在整个园中“独树一帜”。

前几天，父亲摘下二十来根刺黄瓜，仅一筷子长，形状歪歪扭扭，用刮子刨去薄皮，洗净后改刀成薄片，却发现好看皮囊下，竟有土黄色结晶状物体，似虫穴或眼洞，遂将该段弃之。实则不舍而又痴怨，“剧场效应”亦油然而生：黄瓜如无产量，口中则缺嘣脆之物，难尝夏日至鲜；产量倘若太高，吃不赢则多而生厌，因为，物总是以稀为贵罢。

二十世纪九十年代初期，湘北农村时令水果极少，除暑期成熟的桃李外，孟夏时产的黄瓜和番茄，大抵是最能

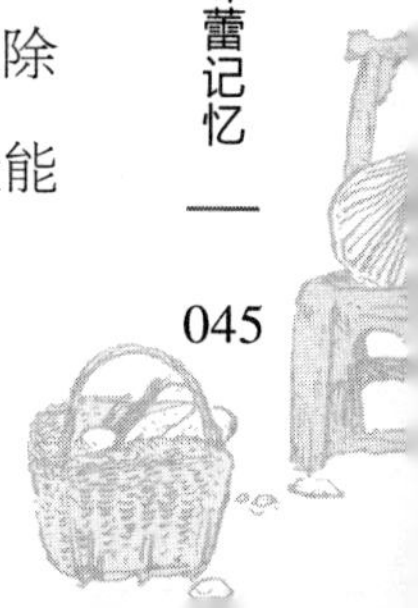

解馋的蔬果。那时节，乡间的泥泞小路上，踩自行车的男人驮着两个竹篾篓，拖长声音吆喝：“卖菜哦！卖黄瓜、茄子、辣椒、千张子、藕梢哦！”这时，忙碌的农妇会放下手中的活计，从厨房或田里跑出边喊边招手，再从干瘪的荷包里抽出几张块票，买些来犒劳放假休息的子女。

黄瓜这类卑贱之物，农家自产自足，大可不用购买。育黄瓜秧时，外婆从玻璃罐或叠好的信纸中将自留种倒出，冷水浸泡数日再进拱棚育苗，成苗后将两根并作一坨，分株移栽到地膜内，瓜苗遇天晴便迅速长高，生出细且长的藤蔓，给它一副瓜棚架，它就很快地攀缘、绕紧、舒展，直至开出一朵朵黄色小花。向上顺势攀缘，大概不是它的目的，它的想法大抵是为了顺利挂果。

那时的我，喜欢在黄昏时蹲在垂满瓜崽的架下，挨个清点它们的兄弟姊妹，有些羞于见人，躲藏在瓜叶枝蔓间，有些则似吃了“膨大剂”，第二天一早就长了一大截，真是极惹人爱。想起读小学时，有次随调皮的孩子到邻居家偷黄瓜，手里拿着、兜里揣着，逃离现场后，大家迫不及待地用衣服揩几下便急往嘴送，怎料前几天农人刚打完农药，我们这群孩子随后也因上吐下泻，被大人紧急送医打吊针。

黄瓜极素朴，却有华丽转身的“高大上”时候。十多年前我读大学时，随伯母到长沙本地一酒楼打暑假工，提着水桶背着行李报到的那天中午，伯母领着我们在南门口附近一快餐店点了菜后落座，一碟手撕包菜、一盘紫苏煎黄瓜，大家三下五除二便将餐盘一扫而空。原来，黄瓜切成厚片煎得发软后，放生抽和蒸鱼豉油同炒，起锅前放大蒜和紫苏，竟可吃出荤腥的肥甘味。

常下厨的老饕都晓得，黄瓜除可清炒，还可刨丝或拍了凉拌。立秋后，青黄瓜表皮由青转黄，成了开裂起皱的老黄瓜，摘下后挖出硬籽和瓜瓤，切成薄片清炒放水煮滚，下入活泥鳅同煮，老黄瓜自带微微发酵的酸味，足以去掉泥鳅腥气，而黄瓜的软与湖鲜的嫩，也是消暑降温的“神器”。小时候总是不懂，认为大人舍不得在黄瓜最青翠的年华赏味，而是半吃半留，一定要等瓜藤萎凋、瓜近尾声时，才舍得做给晚辈们吃。长大后才理解，大人们遵循的是“不时不食”的自然之道。

于是，我心里又平添一个疑问：黄瓜黄瓜，到底是青翠时吃好，还是等完全黄了熟透后再吃好？这个问题，从来无人解答，应该是各有其味吧，在乎的是吃时感受。这个问题倘若让儿科医生作答，他们一定会说：经常生吃新鲜黄瓜，肚里可能会长蛔虫。

如今唯觉遗憾的是，父亲种菜一味追求产量，几乎不种我小时候吃的本地白皮土黄瓜。那种黄瓜个头不大，为棒槌形，通体呈乳白或淡黄色，口感清甜。有次询问农业专家才得知，白皮土黄瓜个头小、产量低、适应性差，面朝黄土背朝天的种植户，则也更喜欢产量高、好打理、易存活、瓜期长的刺黄瓜，加之杂交黄瓜种易买到，也不需人工留种，省去了不少麻烦，白皮土黄瓜遂被逐渐取代。

黄瓜呵，已不再是儿时味。想说爱你，不容易！

南瓜藤畔思故人

你我皆烟尘，漂泊流离。但生活的本质相差无几，无非是鸡飞狗跳或一地鸡毛。

人，有时常需反念一想，最好的事物和缘分相遇，时节最好是小满，因为此时花未全开果未熟，但是，却不耽搁春夏之交时草木葳蕤，万物生长。

想起那个年岁，晚风轻吹的夜，一路之隔的彭娭毑，热情地从屋里端出一碗素炒南瓜藤，许是少些油荤之气，或是瓜梗有毛刺，吃时竟颇有几分“烫喉咙”。

二十世纪九十年代，湘北农人多以种瓜点豆和种棉花谋生，南瓜藤蔓异常发旺，意味着将开花坐果，而农人取其藤蔓当菜蔬，势必会让南瓜减产。然而，这一摘顶控旺之举，竟意外达到了人工疏果之效。

南瓜藤，即南瓜嫩软的茎蔓。最适宜入口的部位，是连接叶柄处的最柔嫩的一部分。手指掐一把嫩尖，再将瓜藤表皮的老筋细细撕掉，将脆嫩的肉用清水冲洗后切成寸

段，放熟猪油、大蒜爆炒，便是一道清爽的时令小菜。

南瓜和冬瓜，仿佛是农民的子女。无论是昏黄的厨房还是堂屋的墙角下，他们总是“呆若木瓜”。早春时，奶奶一手拿着瓜瓢（将瓢瓜风干后用锯子切开，抠去干枯的籽和瓤即可当作水瓢），一手拿着短锄忙育秧苗。一个星期后，两片厚软的绿色嫩芽破土而出，把田边的革命草或益母草砍断，将瓜秧一蔸蔸移栽到屋檐下或边坡塘坑边，培土后浇透水，接下来就只等开花结果和收获了。

不需施肥不用除草，南瓜是生命力极强之物，随意点上几窝，雨水足也好，天气晴也罢，瓜藤长势极旺、延伸十余米，也不怕野草掩没；南瓜花一般不会腐烂，也极少有虫蚁侵扰，一株南瓜秧，至多可结三十多个南瓜。即便是到了深秋季节，新长的瓜藤枝丫处，总有一茬茬的秋瓜等待农人采摘。

实际上，南瓜药食同源，全株都是宝。嫩瓜叶洗净素炒可以刮油，有助消化，是减肥者的好食材；也可放盐揉搓后切丝，进坛子制成微酸的开胃菜；瓜藤去筋切碎了炒辣椒极下饭，南瓜花洗净切碎可煎蛋，老南瓜蒸熟后与面粉搭配，放入白糖搅拌均匀，可做成酥脆的南瓜饼。

南瓜的颜色或绿或黄或红，经霜后将其收置于暖处，可贮存到春天。值得一提的是，南瓜籽也像冬瓜籽，肉厚色黄，不可生吃，炒熟后放少许盐待其自然炸开即可。南瓜去皮瓤后，煮来食用，味如山药。

昔日，我的奶奶丁炎贵是远近闻名的种瓜高手。深秋时节，临上街前的她总是嘱咐我拿个蛇皮袋子，将一个五六斤重、葫芦状的黄皮南瓜放入其中，送到街上的肉摊或菜店，和店家商量着用南瓜换其他吃食，一个瓜常常可抵几样东西。比如，想吃肉时就可称一些，想吃素时可选择豆腐、莲藕或其他菜蔬，店家都是隔壁邻里，彼此之间熟悉，基本上是半卖半送，从不刁难我们。一个南瓜的抵用价值使用完后，奶奶又会重新将南瓜或冬瓜背到店里，换取火柴、蜡烛、洗衣粉或肥皂等，以补贴家用。那时候，父母南下打工，将我全权托付给她，老人家的一言一行，似乎也在我心里种下了如南瓜般谦卑、低调的“种子”。

犹记得寒暑假时，每次乘中巴车去居住在华容县城的姨妈家，或随外婆到深圳过暑假，我和表哥都要被迫带上一大袋土特产，南瓜、红薯、冬瓜、干豌豆、土豆、酸菜，甚至上好的农家自种棉花，都要靠我们带过去。小时候总向往大城市，总想活得潇洒，出门总想一身轻松，不

希望一身土气或一副乡巴佬模样。长大后，才发现父母长辈最想念的物件，竟无声地道出了自己对故乡的眷念。

如今，每次回家我都要带上一些瓜果蔬菜，它们素朴而隽永，镌刻在我的记忆里，融进了我的血和肉，故土的一草一木，甚至是普通的老物件，总能平淡而深刻地勾起我对故乡无尽的思念。

常回家看看！

又忆老坛鲊粉香

食之无味时，孩童需要一点甜，譬如糖果或甜酒；大人则需要刺激鼻腔或味蕾的酸，比如，一捧老坛鲊粉。

“鲊”的官方解释，即是用米粉、面粉等加盐和其他佐料拌制且切碎的菜，可长期贮存。窃以为，这是在没有冰箱的年代里，保存珍馐的最佳技法。“秋刀鱼会过期，肉罐头会过期，连保鲜纸都会过期……”我时刻叩问自己，这个世界上，还有什么东西是不会过期的？回归生活本真和一蔬一饭，我想，大概只有封坛静候的鲊粉才如此，赏味期是一年四季。

鲊粉不是上色菜，且用酸楚待客来。鲊粉，是湘北地区以及贵州山区的特色菜，因其做法和吃法不一，风味也不一而足。要说鲊粉的起源，也要从寻常人家操办的红白喜事中说起，在岳阳华容县农村，家中逢婚丧嫁娶之事，隔壁左右都来帮忙，敬祖宗、摆方桌、支长凳、贴对联、放鞭炮、吃流水席，而一旁厨房里的柴灶里，烧火佬提起

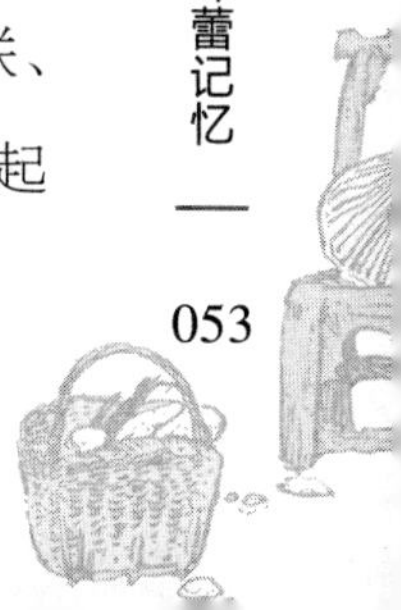

火钳四下拨弄，将灶火烧个不停，大家久而久之就将其称为“烧长火”，而这样悲喜不一的日子，也被叫作“吃长火”。每每到了这个时候，十里八乡的亲戚就要带好衣物，专程回到一个人出生或维系一代人情感的出发点、交集点，叙旧情、赶人情，围坐在一起吃好吃的、喝散装谷酒，然后再住上三两天。“吃长火”结束后，为避免没吃完的扣肉、卤菜、蒸鱼、鱿鱼等荤菜馊掉变质或存放起霉，主家会将其分门别类盛出来，再用大碗分装给房前屋后的邻居或亲朋好友。在那个物资匮乏的年代，大家也不会嫌弃这些“百家菜”，而是在连声感谢之余，尽兴提袋而归。

可别小看了这些“残汤剩水”，它却是制作鲊粉的关键。把一定比例的糯米和大米磨成粉，放少许盐或剁辣椒，用筷子将这些“残汤剩水”拌匀后装入瓦坛，用塑料袋密封后盖上坛盖，将圆形坛沿周边淋上水以隔绝空气，十天半个月后，密封发酵的渣粉产生酵母菌和乳酸菌，形成独特的酸味。夏天的早晨，揭开坛盖，舀出红黄相间、香辣可口的鲊粉，将菜籽油烧热，放大蒜末开小火慢炒细煎，会呈现一小块色泽金黄、颗粒分明的形状，内里既有鱿鱼等的海鲜味，又有酸物发酵的陈坛味，足以鲜掉老饕的眉毛。待春夏之交、青黄不接时，用长勺掏出几勺煎炒一番，放凉后灌装在玻璃瓶里，是小孩带校佐餐的佳品。

而在湖北监利等地，还有一种素鲊，勤恳的姑娘们在剁辣椒里放入盐、生姜、大蒜等佐料，再将蒸肉米粉等按比例放进辣椒里搅拌均匀，封坛十余天后，也有一股酸酸的味道。两者做法不一，味道却有异曲同工之妙。

当初仍是珍馐，如今已成记忆。在不少人看来，坛子菜虽然容易刺激食欲，但因其含盐量太高，容易加重身体负担，故多数人敬而远之。而我们这类远泊他乡的“新长沙人”，也越来越鲜有口福。

鲊粉，就像一轮悬在天上的上弦月，照在我心，却也时常提醒我：归去吧，老坛已空空……

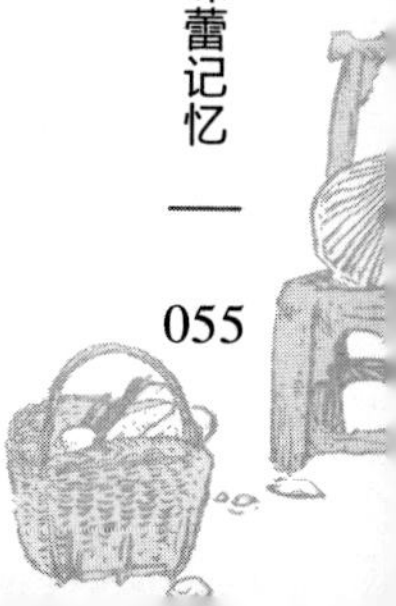

不知银鱼谁裁出

常食大棚菜，又念流水席。久居闹市，突然羡慕起洞庭湖畔翘首摆尾的珍品鱼种，它是上色的无鳞鱼，也是农村流水席上的“压箱菜”，长不过一寸，头部很尖、圆身扁腹，两侧有两颗黑鱼眼，通体透亮、不见肠骨，如玉刻冰雕般闪光，谓之银鱼。只是不知这纤细的银鱼是谁裁剪出来的。我想，一定有那滔滔浊浪和莼菜苇草加持，才造就这一尾尾搏击风浪的“浪里白条”。

我们这些所谓从农门到龙门的农家子弟，身上大抵有几分江湖意气和仆仆风尘，内心细腻而丰盈，总希望能逆流而上，快意人生。就像一条鱼的随想一样：别人是金鱼，那又怎么样？我是银鱼，一样可以银光闪闪。

对我们这些异乡游子而言，这味珍馐既是连接家乡的桥梁，也是唤起儿时记忆的密码。湘北人喜宴请，华容人尤甚，每逢红白喜事，皆高朋满座，喜乐不一。在传统的华容“十大芦碗”（用来盛菜的芦花大碗）中，华容头菜、梅菜扣肉、煎武昌鱼、蒸草鱼块、蒸豆腐丸子是不可或缺的佳肴。因银鱼是洞庭湖特产，故席间最后一道菜，必是本地人最爱的特色汤——银鱼蛋皮汤。

银鱼富含钙质、高蛋白、低脂肪，适合小孩子食用。记忆里的流水席厨房里，村宴乡厨身穿蓝色长马褂，将颜色略黄、夹杂水草或虾米的银鱼，用冷水泡发、淘洗干净、晾干水备用；土鸡蛋敲散后放盐、姜末、葱花，遇到热菜籽油后迅速膨胀，两面起焦壳后摊凉，改刀成拇指宽；土黄姜刮皮切丝爆香，五花肉切丝煸炒出油后，淋入几勺骨头鲜汤，汤沸后加入银鱼焖盖煮三分钟，添柴火的间隙加大量白醋、少量生抽、蒸鱼豉油等。末了，再揭开盖子，将炉锅移至煤炉改小火熬煮十多分钟，待“都管”(官名，原为清初内务府御用、御马、尚方、尚膳诸监之主官，现衍生为负责红白喜事大小适宜的管事人）喊起菜时，放入盐和葱花即可。一碗好汤水，一滚带三鲜，食客观之黄白相间，食之味道鲜醇、酸味出头、辣味十足、蛋皮细嫩，小孩子喝后酸得皱眉头，大人却馋得连鱼带汤一碗下肚，大冬天里也可发得一身汗。后来，我也陆续喝过改良版的银鱼蛋皮汤，比如，额外放入粉丝、木耳等，也有好吃者试用新鲜银鱼炒鸡蛋、蒸蛋羹，味道都不如银鱼

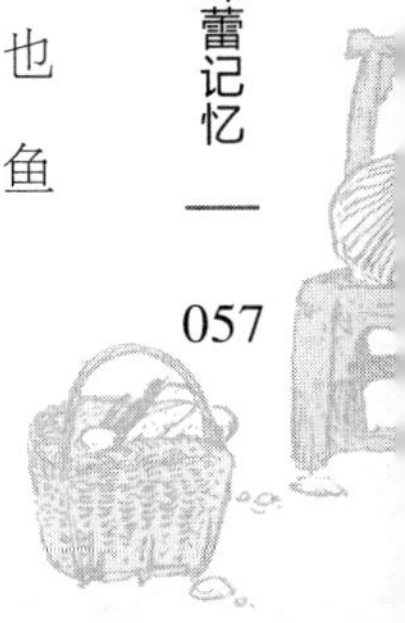

蛋皮汤。

我们吃的银鱼虽都是人工养殖，但由于产量不高，其价格也丝毫不打折扣，市面上阳干和纯干的银鱼，价格在100多元每斤至300多元每斤不等，依然供不应求。如今，偶有空闲回老家时，我都会特意买上几斤干银鱼带到长沙。待亲朋旧友和识味者相聚时赏味，不可谓不治愈人生。

我常常在想，这一味汤水，就像是我们的浩荡人生，调和五味又海纳百川，怕它太冷又怕它太烫。仿佛，我们都是自己命运的掌勺者，搅动的都是生活的涟漪和波澜。深夜，当你拖着疲倦的身子归家，唯愿桌上有碗热腾腾的银鱼蛋皮汤，你和自己围炉夜话，嘴角微翘，波澜不惊。

洞庭野菱江湖气

沟渠多野菱，夏夜生白花；勤人方采撷，此物几人识？

昏睡复醒的夏，知了同布谷鸟一样聒噪得紧。走出宅院深深天井夕照的老宅，禾场外沟汊野塘多且杂散，提一箩篮赤脚下塘，茭瓜、菖蒲、菱角和鸡头米久别重逢，这是属于湘北小镇的姹紫嫣红和盛夏图景。

年少不知家乡好。华容县熊家门，有一处与山为邻的天然湖泊——沉塌湖。湖边浅草繁茂、荇草肆长，溽暑时的乐趣无非是进山摘果，或是下湖摸蚌、乘船摘菱。太阳隐去，老人划鸭划子船到小汊里，也有年轻好事者搬来圆形桐油木脚盆，光膀子盘坐盆中央，双手当桨、随浪起舞，往大湖深处去。手拿一根当年生发、前端缚钩的月月竹，往水中一钩一提一带一收，菱角藤下一米来长的细须，就会老老实实地从淤泥中析出水面。当然，如果采菱人贪多求全躬身而入，则易被触角发达的根须“带偏”，从而一头猛扎进水中，以至于陷入某种混沌之中。

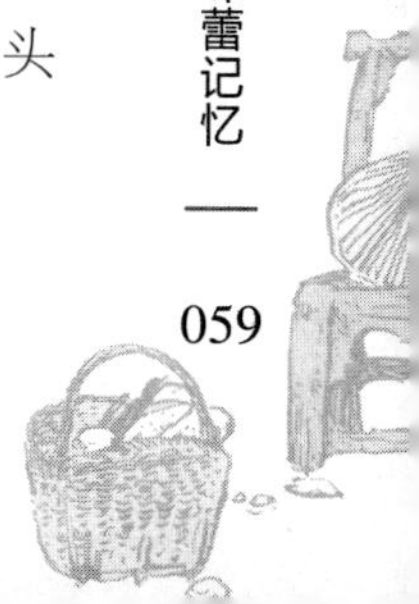

七月下旬，采菱摘瓜。这种其貌不扬的植物藤上点缀长叶朵朵，因叶子扁尖且多为菱形，故果实称菱角。菱角，既有墨绿色的多角野菱，也有皮绿肉厚的牛角家菱。野生菱角茎为紫红色，五六月时开白花或黄花，叶浮在水面上，菱角则垂直地生于繁叶之下，成熟时的菱角带柄不易脱落，须用手拿起全株轻扯长柄，耳边传来“嘎嘣”声时，方能看见这味“盛夏的果实”。君不见，手触及之处皆是棱角分明的菱角，有二角、三角和四角等之分，旁人却不得不钦佩，这种菱科菱属的一年生草本水生植物，每年竟然都能在江湖大潮中占据一席之地。

特别是那野生菱角，其淀粉含量高，入嘴香甜粉糯，不似家菱那般脆嫩软。也有好吃者，将菱角梗子洗净，用盐稍腌后挤干水分，一份份装好放进冻库，吃前解冻切成两厘米左右的小段，起锅放猪油，下青椒段和大蒜末炒制，菜蔬本身的江湖气冰封不住，依旧口齿留香。

寒露过后，但见水面漂浮着深黑空瘪的菱角壳，忙碌了一年的农人才意识到深秋已临，原来野菱与枯荷最为孤单不过。我想自己大抵也是一粒漂泊的菱角，在找寻应对年岁滋长、岁月洪荒的良方。我在长沙十多年总有逛菜市场的习惯，估摸着因剁取麻烦，很多菜市场少有贩卖。除非是南县等湖区小贩，一般早上4点多起床，用机器打掉菱角表层软皮后，再将溜光且硬的菱角放到柴灶中煮开，不用放任何佐料，摊凉后当街叫卖很是抢手。看来，这才是这味美食的最佳“打开方式”。大人们常感叹，野菱角“毛多肉少”、粒小刺多。

会吃的老饕在跟前放一块砧板或一段树桩，拿一把短把厚齿铁刀，用刀尾先劈开一角，然后沿这“伤口”斜切一刀，再用刀尖一刮，反复几次才能褪下它的躯壳。如要取出一海碗野生菱角肉，一般需耗费一个多小时，可谓得来要费真功夫。讲究的华容人家，还会将藕尖、莲蓬米和菱角一同清炒，吃起来妙趣横生、回味无穷。

又到菱角弯弯时，我真想拿它下酒。我想它的“骨子”里，一定会有我追梦路上的平凡执念：江湖路远，棱角分明。

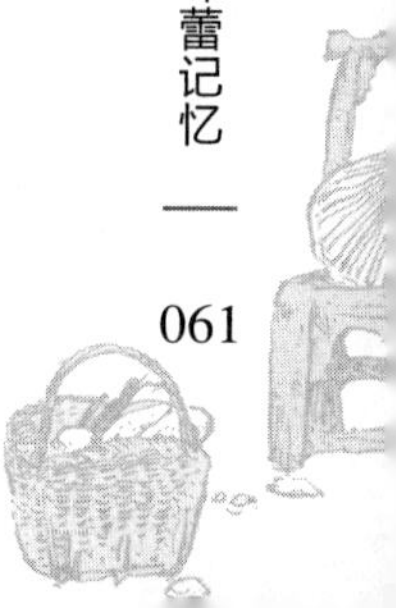

矮冬瓜里找乡愁

年岁日长，恍惚间已变成“躺平”的矮冬瓜，身材臃肿且皮糙肉厚，躯壳梆硬却内里溏心。我情愿，是一颗矮冬瓜。我知道，那是青春过季留下的纹理，只有等铁锅土灶和欧美白杨树相逢，这一击烟火不倦的“化骨绵掌”，方能让他在举箸之间找到乡愁和碧野。

记忆里的矮冬瓜，须是农家自留种，椭圆、淡黄的种子只有小指甲盖大，从瓜肚带瓤抠出，表面有一层柔滑的膜，洗净晒干或阴干，可放在瓜瓢或玻璃瓶中储存。立夏后，用挖锄在房前屋后刨浅坑，随便点几窝、搁上几粒冬瓜种，撕一小块地膜铺齐整，留一扇静待出闺的格子“窗户”，瓜秧长出与否，全凭大自然的恩惠。

我家在长江之畔，河堤外是退水围堤留下的沙土和螺壳，这田野懂得大口“呼吸”且自带肥料，许是骨子里的某种特别恩情，家乡农人栽瓜种豆往往落土成苗，直至野蛮生长。随着日晒夜露，冬瓜苗这才姗姗来迟，翠绿色的苗瓣与带绒毛的瓜秧众星拱月般向上生长，这意味着，一个个椭圆形的绿色毛团即将成型。在漫长的日子里，它的表皮会悄然披上一层细白且软滑的粉末状物质，既像冬日白霜，也好似小家碧玉的淡妆，不争不俏。淡黄的花开出，授粉和“相亲”工作靠野蜜蜂完成，既不施肥也不掐顶去芯、除草打药，到了收获时节，一根瓜苗上常常有多个甚至多达十余个瓜，俨然是“葫芦娃”的放大版，农人生怕它不结瓜，也怕它乱挂果，真是逗人爱又惹人烦。

这些年，我在长沙城郊某处，发现一幅幅二十世纪八十年代的“风景画”：菜农用青竹竿横竖不一地搭成房屋模型，在下面开沟种下冬瓜苗，每株瓜苗至少可长一至两颗冬瓜，这种名为扁担瓜的冬瓜，一颗重则有40来斤，少则有10多斤，它形似一根长且粗的扁担，笔直地悬空在藤下，上粉以后在漆黑的夜里闪光。我在想，老祖宗仿佛在告诉我们一个道理：不管长瓜还是矮瓜，但凡是顺应规律，平和面对世界，每粒平凡的种子，都能在魔幻森林里靠自身努力茁壮生长。

待到花谢叶枯，将肚圆嘴扁个矮的它带蒂摘下，切成一截截的“轮胎”模样，随奶奶送到肉铺或打豆腐的小店，换洋火或蜡烛，也可按冬瓜毛重，换些猪肝和猪头肉等；也有虔诚的信徒，将其作为难得的贡品，大老远送到庙里供

奉，佛堂的师父往往是切片煮汤或切块红烧，以寻几分大口吃瓜、落口消融的口感。其实，不管是哪种冬瓜，都有利尿、清热、化痰和解渴等功效。值得一提的是，老广东人会将冬瓜带皮煮汤，以达到消肿利尿、清热解暑之功效。

然而，普通农家的饮食观通常是粗犷且直白的，不似巧手翻飞的厨工，能变幻出雕花刻印的冬瓜盅或燕窝盏。矮冬瓜皮硬肉厚，为了深入肌理的入味，有“几把刷子”的村妇，为一解吃不起猪肉却又想大饱口福的馋意，变着法将冬瓜切成麻将坨坨，错落有致地打上深浅不一的十字花刀，十几坨煮熟后码堆装盘，可成一道美味菜肴……

铁锅烧冒烟下菜籽油，均匀地撒细盐防止煳锅，小火温烧慢煎，待冬瓜表皮起黄褐色虎皮时，再逐块翻边，要做到眼盯锅里，人不离灶。以至于我的一位老乡讲，烹饪矮冬瓜要像谈恋爱一样循序渐进，不能肆意上火，否则会心急吃不了热豆腐，表皮焦煳里头还是“玻璃心”。趁冬瓜不注意，将农家自制豆瓣酱或小麦酱连汁带酱倒入锅中，放几粒刀拍本地大蒜粒翻炒几下即可出锅。

冬瓜的蜕变，仿佛是一部人生启示录。顺着生活的脾性，秉持烹小鲜理念，质硬冬瓜也可软绵可爱，不用刻意放酱油、生抽上色提鲜，大道至简，即是人生百味。

一树扁豆满庭芳

久居樊笼，心绪飘荡，我们往往用远足与大自然“肌肤相亲”。

汗从发梢冒出来时，眼前是福元西路旁一条泥巴小路，商陆、构树、酸模次第相迎，一袭暗香，从紫白相间的花朵中飘来。它的藤蔓沿着枇杷树攀爬，恰如“一庭春雨瓢儿菜，满架秋风扁豆花”。生活有时也是如此，满树繁花而花期甚短，寂寞却也再平凡不过，遵从的是大自然的轮回法则。

不知有多久没吃过乡里扁豆，不禁想起有一年在上海寻特产的故事来。说来也怪，或许是心灵的驱使，每到一处景点或一座陌生城市，我都要放下行李，第一时间去逛逛农贸市场，这个习惯已保持了十余年。比如，我在菜市场寻得的洪江血粑鸭、张家界的三下锅、炎陵的木槿花煎蛋，这些记忆里的珍馐鲜味，至今仍在舌尖“打滚”。趁着阳光晴好、中午得闲，用手机在上海导航了一个离我最近

的农贸市场，这里的农贸市场是流动“万花筒”，瓜果蔬菜等水乡物产，看得人眼花缭乱。一字排开的蔬菜码放齐整，鲜嫩的草菇、崇明岛的金丝瓜、头水的白虾米、崇明白扁豆，以及老上海人喜欢吃的本帮爆鱼，馋得人擦口水不赢。要是有人问我最正宗的上海特产是什么，我想，一定不是贴牌茴香豆，而是崇明岛的白扁豆。白扁豆，它绝不爬蔓，而是生长在花柄上，嫩籽粒呈淡绿色，老籽粒呈纯白色，其肉质软糯，清香味美，是老年人佐餐的佳品。《本草纲目》中讲：白扁豆其性温平，得乎中和，脾之谷也。止泄泻，暖脾胃。

扁豆为一年生植物，花有白色或紫色，果荚或绿或红，形状扁平而微弯，有点像八月未满的月牙儿。湘北地区的人家，喜欢将扁豆唤为蛾眉豆或鹅毛豆。谈及扁豆之名，很多年前还闹过一个笑话。那是在深圳布吉的一个农批市场，我们操着不熟练的粤语和不标准的普通话，指着熟悉的扁豆竟一时语塞，半天才憋出一句话：老板，称一斤“鹅猛豆”！

“种瓜得瓜，种豆得豆”，这是古人顺应自然的智慧。人类从扁豆身上，能学的东西似乎也有很多：它从不挑地方，在树下点一窝，在墙角种上几棵，它就能迎风奋力生长，开花结果。它不似豆角和黄瓜，需用篾片或细竹扎架子，再用稻草绑扎，隔三岔五要浇水、扯草。扁豆更显谦卑，气候暖时，花蕾渐绽，豆荚挨茬冒尖。豆荚也长得快，农人隔两天要把大小适中的摘回，太老则纤维多，口感也会大打折扣。

蛾眉豆是九月的当季果蔬。那时候，曾和表哥分工合作，他扶梯子我上树，沿着构树枝干和藤蔓走势，用钩子将藤蔓轻轻拉回，双脚正微颤，心也吊到了嗓子眼，而收获的则是鼓着肚子的褐色扁豆。将扁豆从中一掰为二，撕掉两侧老硬的茎，可闻到特殊香味。铁锅不放油，慢慢煸干水汽，待扁豆两面微黑时盛出，在菜籽油或猪油里依次放大蒜碎和盐，爆炒并放冷水后盖锅盖焖煮，做法简单却极其下饭。

倘若是表皮厚、纤维多的扁豆，则可让它继续生长，等十月底摘下剥开，取颗粒饱满、个头圆润的豆米煮熟了吃，果腹感十足。湘北地区也有一种“神仙”做法，深得大家喜爱。在扁豆米中下入蒸肉米粉、调味料，以及桂皮和肉糜，搅拌后用小碗装好上蒸笼，有人喝早酒时，连同蒸菱角米、蒸莲藕丸子、蒸豆腐丸子一起上桌，蒸汽飘飘、软糯香甜，只等有缘人赏味。

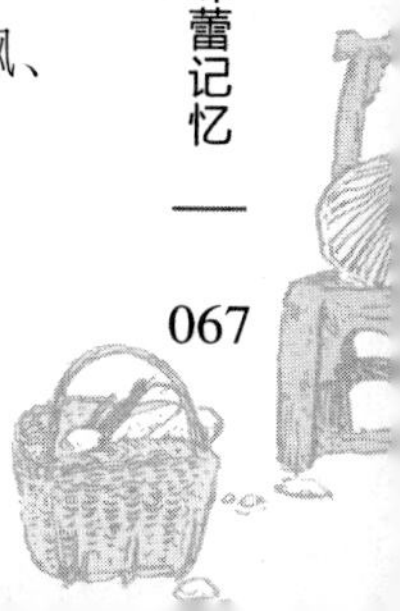

也有一种吃法，有太阳的味道。将扁豆汆水晒成阳干，进冰箱保存，想吃时取出改刀，放五花肉和辣椒、姜蒜炒熟，是下酒开胃的佳品。我的一个朋友，将铺有鹅卵石的砂锅烧得滚烫，再将扁豆切成细丝，淋入调料让两者“水乳交融”，等待自然焗熟，真是“仙风道骨”的烹饪方式。

扁豆呵，说得肚子都扁了……

我是一条鱼

雾锁阔湖，迷路游鱼倦不知归。前不久，循泥腥气与蒿草香闯进幺姑坟山，眼前不过是一处“个头”略高、形似乌龟的山岗，它与极目浩汤的沉塌湖隔空相望，就像倦鸟归巢的我，与长眠于此的至亲久久对视。

我是一条一夜长大的鱼，眼珠清亮。眼里山花烂漫，湖汊、野菱、茭瓜和菖蒲花点缀其间，亮眼处必定还长满木槿和木耳。可是，漂泊他乡的生灵，虚胖而又卑微，何以能翻过寂静佛堂和山川湖海，寻回那如昙花般的记忆？

农忙，湘北地区“双抢”割谷、挑担、晾晒，常忘了往肚里送一口饭。只等知了扯破喉咙，禁山上的布谷鸟暂歇，伢儿和大人顶荷叶为帽，光膀子、打赤脚下湖洗澡，独享“靠水吃水”的野趣。

南风起时水微澜，正是提丝网、撑长篙放网捉鱼的好时机。不打“窝子”不坐“鸭划子”，在暗流和陡坎面前，打鱼人凭勇气和经验避开，目之所及皆是深坑、水草等。

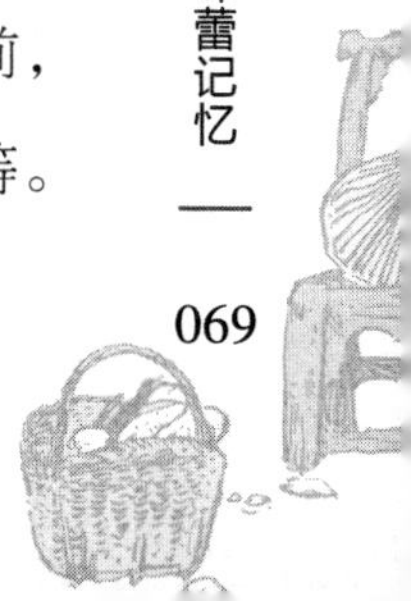

在离岸数十米的平静水面下网，一手持细网，一手划水向下沉网，丝网坠子因重力而绷直，上方的白泡沫浮子则漂在水面。万事俱备，下网者需由里至外排开，来一场“狗刨式”游泳赛，且要用细长楠竹棍敲打水面，于是，水草间惊慌失措的鱼顿作鸟兽散，殊不知，等待它们的是一道遇水无形的“迷城”。半个小时后，打鱼人开“盲盒”，靠的全是运气和技巧。少则两手空空，多则似串籽枇杷有数十斤，以土鲫鱼、黄颡鱼、白鲢、草鱼为主，偶有青鱼和张牙舞爪的毛螃蟹。粗犷的农人巧手翻飞，缠网被慢条斯理扯抻，一条条红尾、鳃红的渔获，悉数放进凤凰牌单车后座的竹篓，很快会有贩子带秤上门收鱼，趁着新鲜沿街、走村叫卖。它们的最好归宿，是外婆的炉锅。

我的外婆喜欢打“歪胡子”，她的钱码得很齐整，尽管满是块票和角票，买鲫鱼时总是一副神仙样子：一手先在舌尖上捻一捻，数钱时慢慢悠悠，真正递钱时，这才行云流水般一气呵成。我是灶门口的烧火佬，听见锅里噼里啪啦作响，猜是鱼子爆裂的声音，等扁嘴驼背白肚的土鲫鱼两面起壳、肚子微隆，沿锅边淋陈醋，放剁椒、华容芥菜、姜末同煮，可红烧可黄焖。

美味，是农家最本真的洗礼。席间，我和老表被“约法三章”：筷子伸出后遇肉夹肉、遇姜吃姜，莫随意翻菜碗；拿碗端坐，不可趴在桌上，如此吃相难看。后来，我们一直纳闷，鱼究竟到哪去了？细细想来才察觉，两条鲫鱼竟被2斤左右重的芥菜丝故意覆盖、藏身碗底。到了敢顶嘴的年龄，麻起胆子再问起时，才被“少吃多得味”的神回复折服，高，实在是高。

常有大饱口福之时。我的奶奶早已作古，却犹记得她喜欢自留老种子，是个典型的种菜能手。人家的南瓜没影，她在田间地头随便点一窝瓜秧，不施肥料不照护，南瓜、冬瓜、瓢瓜、香瓜排排队，她仿佛是“葫芦娃”的缔造者。不用掏一毛钱，吃不完的菜蔬被她提到集市，在杀猪佬、豆腐倌的跟前嘟囔几句，换回的是鲜鱼、猪肉、千张，还有散装谷酒。逢年过节时，以物换物得来的游刁子有一筷子长，剖肚腌盐沾满面粉鸡蛋糊，炸得是焦脆酥香、醉意满堂。摊凉后用塑料袋密封，放学后拿几条当零嘴，可以吃几个月。

其实，也有一种大快朵颐、快意人生的吃鱼之法。湘北地区水产丰沛，加之鱼有“年年有余”的寓意， 也就有了“无鱼不成席”的说法。蒸煎炸煮，各尽其味。我却以为，清蒸是最能体现鱼之鲜美，如此一来才不枉“鱼生”。

讲究的食客，把4斤左右的青鱼剖好、洗净，斩成大小均匀的块状，尤其是鱼头和鱼尾要摆盘美观。腌少许盐，用蒸菜粉包裹鱼身，装盘上竹蒸笼蒸15分钟左右。与此同时，另一口锅放菜籽油，点上一瓢长江水，随后下姜末、陈醋、酱油、白糖、生抽、蒸鱼豉油、剁辣椒，猛火转文火熬成米糊状时勾入芡粉，待鱼出锅的一瞬间，让每一块鱼肉都呼吸到酸、甜、辣、爽的美好与清澈，我想，这大概也是灵魂至味、大道至简的要义了吧。

我是一条鱼，哪管酸甜苦辣咸，游在这珍贵的人间！

盐豌豆中有咸甜

农人与田地作伴，生活是油盐拌的，皱巴巴，苦咸得紧。

湘北地区盛产棉花、南瓜和蚕豆。寻常人家的劳力起早下田，钻进齐腰的棉梗田“打顶芯”，太阳露头才得闲吃早饭。以干瓜瓢为勺左舀右动，江水咕隆下喉，胸中江河晃荡；举筷，瓷碗里的芥菜蛋花汤清澈无比，可补水分和盐分。堂屋一张四方桌，盐豌豆、炒芥菜、酱豆豉、坛子腐乳是常菜，间或有红烧猪血、手剁肉丸汤等荤菜，是难得的享头。

都说“城里套路深，我要回农村”，然而乡野的长处，无非就是恬淡、逸慢和家长里短。勤于耕作、种瓜点豆，这是一种炸裂爆燃的人生，清苦且累，日子却如蚕豆般嘎嘣脆，细嚼慢咽、有滋有味。蚕豆又称枯豌豆、胡豆，点豌豆时，一人下锄挖一指斜缝，旁人就手点几粒豆种，不施肥不盖膜，再顺手撒一把草木灰即可。它不走任何“捷

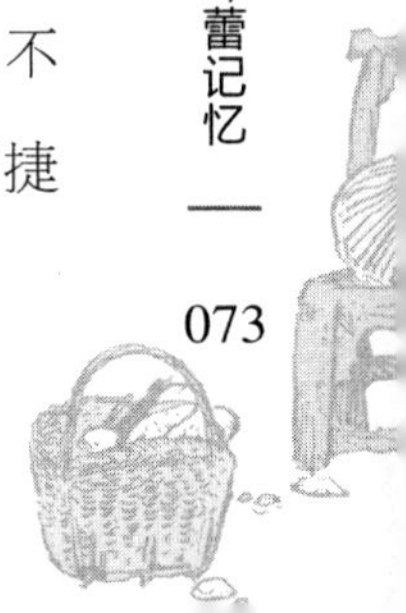

径”，顺应物候和节气，只待嫩芽初发。

沟渠野芹长如发时，内空外方的绿秆旋即开花坐果，“叠罗汉”冒出蚕蛹般的绿果荚，其荚宽肥厚，长5至8厘米，内有白色海绵状隔膜，成熟后表皮变为黑色。漫野芬芳时，一种不知名的鸟在枝头呐喊：豌豆八哥，爹爹烧火，娭毑买菜……

赏味新鲜蚕豆之人，想必应是谈恋爱的好手，要尝其甜、知其质、悟其酸、念其恩。红锅烧热，高温使蚕豆迅速脱水，表皮起皱炸裂，两块月牙形的肉瓣变得蓬松、酥软，辅以少量芥菜和肉末，香绵入口，酸甜开胃。久居城中不归乡，可将蚕豆在开水中打个翻身，摊凉后用袋密封速冻，也可遥寄相思苦。

本地豌豆个小、味正，在青黄不接的日子，它的活脱与淳朴，让无牙老人垂涎，让小孩捧腹开怀，这是乡野独有的活色生香。蚕豆收割后，需带梗放在禾场和公路边晾晒，反复几个大太阳把水分逼干，尽可能避免豆子发霉变质。挑去瘪壳霉粒，将干豌豆泡发一晚，等它喝水喝得满腹便便，用菜刀在豌豆一端划十字花刀，把豌豆倒进热锅干炒，小火慢炒出水汽，再放菜籽油将其炒得焦脆、变黄，等豌豆胀开变大后，加入食盐、蒜粒等即成。

在乡邻眼中，盐豌豆是一碗“长菜”（可吃好几天或几个星期）。每顿饭前无需加热，一碟冷盘上桌，大人小孩客人的眼神会立刻投向碗内，就好比吃了一个月油荤的胖子，要尝些素菜“刮油”。也有好事者，将废纸张或旧报纸巧手一折，叠成下尖上圆的甜筒形，装入炒好的盐豌豆，鼓起腮帮子边走边吃。不需要吃时，细细折成一个小包，放入口袋。在带菜上学的年岁，下课时拿出从家里带的玻璃瓶，从瓶内抠出数粒盐豌豆，趁老师不注意，偷偷塞进嘴里……

我的奶奶牙口好，生前有喝谷酒的习惯，每餐开饭前，都要在碗柜一角点根细香，放些香蕉、李子类的果盘，颤抖的手倒几杯烈酒撞入心间，再端起青瓷杯细抿，搭配盐豌豆等下饭菜砸吧几口。虽是粗茶淡饭，我想，那应是对那个盐渍过的平凡岁月，最无声的告白和尊重。

有时候，我唯愿、我情愿，是一粒蒸不烂、煮不熟、捶不扁的铜豌豆，可甜可咸，豁达通透。

酸爽芥菜蛋花汤

酸菜，竟然是碱性食物。聊起这个话题的，不是厨子，而是一名中医医师。把脉、看舌苔，一番操作下来，帮我鉴定完毕：痰湿体质兼脾虚。末了，再三叮嘱，少吃肉多吃菜，维持体内酸碱平衡。于是，心里又萌发一个小愿望，希望尽管人在异乡，每天也能喝上一碗素雅的芥菜蛋花汤……

那时候，我和老表都是走读生，除了晚上在家吃，早餐和中餐一律在校搭餐。偏远农村学校的早餐，通常是米粉、面条或馒头，偶尔也有肉包，搭配的汤水则是芥菜肉末汤。晨读结束、饥肠辘辘，大家三五成群冲出教室，敲着旧铁钵到食堂门口按班级排队领餐，劳动委员和生活委员将盛有滚烫汤水的铁桶抬出，再将热汤一勺勺舀给同学们。人性即是如此，看见是同桌，他们用长勺在桶底重重捞一下，精肉末和酸菜乖乖“落网”。遇到不熟稔的同学，仿佛手也开始颤抖，勺子在桶中“打个转身”，只掠些漂浮的肥肉末和碎菜叶等。

在湘北农村，华容芥菜是一道亮丽的风景线。塘边田间有，成丘栽种的也有，也有野芥菜从石缝中冒出。到了成熟的季节，隔壁左右的窗户边、禾场里，都是一字排开的芥菜，芥菜是“贱菜”，不施任何肥料，一蔸也有3斤多，长满小刺的叶片比成人手掌还大。我们这类背井离乡的年轻人，对制作华容芥菜的传统手艺全然不知，只知它需经过晾晒脱水、腌制发酵，才能华丽转身为酸菜，而在大厨的巧手翻飞下，酸菜煮鱼、酸菜蛋花汤等，则成了令不少人牵挂的灵魂至味。

我的老家依山伴湖，房子周围是一丘丘的梯田。年少时搞“双抢”，拿着镰刀帮伯伯割稻，连记忆都是清苦且带着汗泪的。唯一的甜和酸，大抵就是那一锅透鲜的酸菜鱼了。山区交通不便，附近无农贸市场，乡邻自给自足，家中有喜事或来客，要骑半小时摩托到集镇称肉买菜。好在“靠山吃山靠水吃水”，农忙一天下来，临吃饭时，伯伯才不慌不忙地拿着渔网带我到沉塌湖边，选一片长有苇草、青荇、菱角、芡实的水域，穿着水裤将渔网沿外围呈合围之势放下，我负责摘菱角，伯伯则拿三米多长的月月竹重重拍打水面，受惊吓的鱼随之蹿跳，这正中了我们的计。

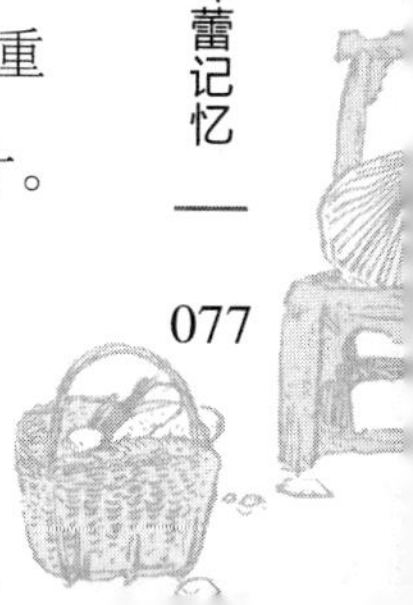

上岸歇息不久就到了起网的时候，人随网走，动作要轻，速度要快，既要防止鱼挣脱，也要防止网打结。

将鲜鱼取下打鳞，剖开洗净，柴灶放菜籽油开煎，将切成细丝的酸菜和掺有鱼泡、鱼肠的鱼汤同煮，就着坛子剁椒和酱萝卜，就能下几大碗饭。

而在二十世纪八九十年代，湘北农民桌上最常见的菜，当数芥菜蛋花汤。炎炎夏日，开坛盖抠几片金黄发亮的酸菜，洗净后漂洗十多分钟，用猪油炒后放水煮开，起锅前淋几个打散的土鸡蛋，其味酸爽无比。我的母亲以前种棉花时，往往累得汗流浃背，衣服上会析出一层“白霜”，回家后还要生火做饭，一碗简单的酸菜蛋花汤既撩撇（在长沙话中，主要形容一个人说话或做事干脆利索，或形容事情简单明了）又补水，更补充了身体所需的盐分。同时，湖区湿热严重，酸味食品去腻开胃，还能增进食欲。

如今，倘使在长沙谈起酸菜，我们都怀念那个在鸡窝里捡土鸡蛋，用酸菜炒蛋炒饭的日子。一碗剩饭配四个蛋，加大量切得米碎的酸菜，以及少量剁椒、胡椒粉、生抽、酱油和葱花等，端起碗底印有“醴陵”字样的瓷碗，炒饭粒粒分明。这碗炒饭，分明就是我们的青春，在太阳下闪闪发光。

我的姨妈生前在长沙治病，我们做晚辈的每天变着法子给她送营养餐，芦笋、鱼肉、汤水她都不爱。有天晚上，看到家里的冰箱有一袋华容芥菜，她竟然舌头生津，嘱我炒了一碗素炒酸菜，而就是这一碗不起眼的家乡菜，竟让她咽下一大碗饭。如今，我的母亲每年依然会做一坛酸菜，遇到懂得赏味的陌邻或朋友，都会主动送上一袋。

那酸味，像蛋花一样在我心头漾开，萦绕我心。我知道，那是忆苦思甜，是不忘来路。

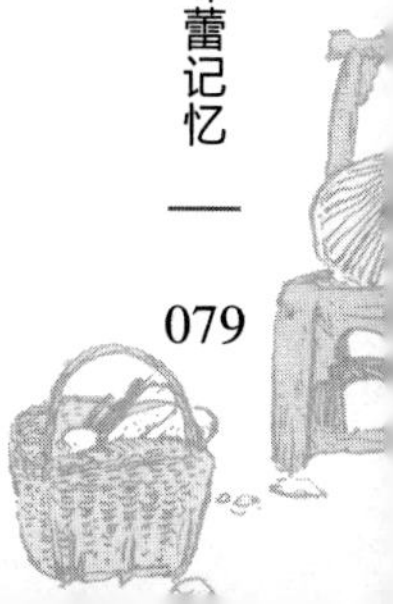

开“盲盒”的鱼

夜梦初醒，想念那个河风拂面，鸡犬相闻聚客邻的早晨。

湘北农村的路上，吆喝声穿透薄雾，凤凰牌单车且摇且晃，踩着闲散步伐。车后座，两根旧木棍身缚尼龙松紧带，一担挑起两个半米深的竹篾篓，内有长须黑脚细腿的河虾，间或有麻嫩子、鳑鲏鱼、黄骨丁和土鲫鱼。这种流行于特定年代的“移动式菜市场”，兼售千张皮、塔市驿黏米团子、豆腐丸子和麻辣菜，不一而足，不知挑动了几多舌尖。但凡是家中来客，在家门口即可买鱼选肉，孩童喊停单车，大人则起身拿钱。我想，那一定是岁月至深处，情欲浅浅时光慢。

在那样的早晨，倘使光着膀子、拿着篾撮箕进沟下渠，一定是大型开“盲盒”现场。从浑水深处扒开水草青荇，让撮箕沉入水下，再向塘坝的犄角旮旯处前后抽动、反复数次，双手巧借浮力将其从水下托起，原本依附在水草中的虾米、刺泥鳅、螺蛳、水虫，以及没来得及腐烂的变色树叶等，它们这么近仿佛又那么远，真是可爱又烂漫。

向水而生，仿佛我是一条长着逆鳞的鱼，在主动和被动中选择、挣扎，等待“盲盒”被开。在那个年岁，枕长江、偎青山是最恬淡的日子，乡邻们对一江一湖、一沟一渠、一草一木，有更直白、粗野的告白方式。梅雨或涨水季节，但见长江干堤、渠塘沟坝，春水将满而未满处，常有乌龟、龙虾爬出水面，原本被束之高阁的赶罾、推罾、扳罾等，以及用竹子编成篼箕形制的虾笆，被外带至人声鼎沸处捞鱼虾。那些临水而坐的捕鱼人和一字排开的各色器具，把对生活的希冀和信仰，一一捡入鳖篓，再用芥菜丝和剁辣椒爆炒下酒。

生活的状态无非是两种，一种是临渊羡鱼，一种是退而结网。在湘北的农村小镇，手作扳罾捞鱼，下河湖捉鳖，是搏击风浪的处世哲学，征途往往喜忧参半，就好比人生逆旅开“盲盒”。何谓扳罾？是指将网具设于水中，感觉鱼类游到网的上方时，第一时间提起网具，再用长竿抄网捞取渔获。制作罾时，需砍数根长度相近的楠竹，用火烤制后将两根竹子交叉、弯成弓形，再将丝网沿四周固定，做成下方全封口、上方半敞口的圆形式样。尤其要讲的是，

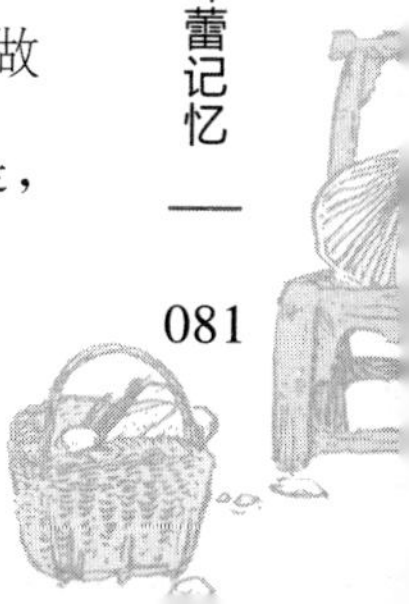

要在整张网的中心部位和罾的四角，系上便于网兜下沉的砖块等重物，将四个网角的绳子收拢，在离网口约十厘米高处打结，最后再系上一根提竿，扳罾就制作完成了。潮起时置罾于水下，不到一根烟的工夫就可起罾了：水面之上，网住的可能是水草或竹棍，或是活蹦乱跳的鳝鱼泥鳅、龙虾等小河鲜，没有技术含量，全凭运气和耐心。

在众多渔获物中，窃以为当数几两或半斤的黑壳鲫鱼为妙。黑壳鲫鱼为华容田家湖特产，且以吃野食和浮萍等浮游物的为佳，其刺虽多，但肉质鲜嫩，脆如豆瓣。它有异于常鱼的独特"标签"，其背黑而鳞白、嘴扁平而有力，与市面上养殖的工程鲫相比，肚中无油膘和黑膜，和老豆腐开汤同煮，鲜嫩无比。这些年我寻丝觅缝找美食，在长沙一安置小区，无意中觅得一小店，一味熟人才能享用的"隐藏菜"即是香煎土鲫鱼。从湖区沟渠捞得的野生鲫鱼，斤两和数量全靠大自然恩惠，身长不足一筷子，清早赶私家车或巴士的趟来到都市厨房，下菜籽油小火煎起焦壳，连同姜蒜辣椒末和麻油、葱花"伺候"，盛放在磕碰缺角的瓷碗里，确是平凡生活中的郊野之味。

鱼我所欲也，"盲盒"同所欲。不问前路争上游，本心不失。

清苦鲜香霉豆渣

霉豆渣是湘北、湘中、湘南地区，甚至是许多湖北佬记忆里的珍馐，走在菜市场，随便找几个陌生人说起，一定能勾起有关三代人的回忆。

对于在长沙生活的80后湘北人而言，霉豆渣汤是鲜甜的；而在不少60后眼中，霉豆渣要略带一丝苦味，才能体现那个年代经受的磨难和考验。“在长沙太难得吃到了，如今吃来还真是鲜，只是差了那么一点点苦味。”有一年的餐桌上，一位老者发出的感叹，这是我们这些后生伢子无法理解的。

霉豆渣是以豆腐渣为原料，在一定工艺条件下自然发酵而成的一种食品。自母亲记事起，乡里就有打豆腐的习俗，逢年过节或家有红白喜事，豆腐是席间不可少的一道菜。做法不同，风味也各异，有煎豆腐、油豆腐、豆腐丸子、腊豆腐干、豆腐乳等。而豆渣虽是打豆腐过程中产生的“下脚料”，经过妙手处理，味道却极其勾人味蕾。

选农家自种本地长粒黄豆，将干瘪、霉变、虫眼的挑出，端起盛有黄豆的竹筛站在风口，上下前后抖动，借助风力和人工挑选，将杂屑、石粒和土块筛出，只选完整、饱满的豆子，反复洗净并在水桶中浸泡一晚，待水表面出现小气泡，且可闻到豆腥味时，黄豆表皮也逐渐出现波浪形皱纹，用手轻捏，可顺势滑动并自然分为两瓣，这就意味着黄豆“喝饱了水”。

架场打豆腐，没人当得老师傅。用木升子（旧时农村盛粮食的木器具，由四块梯形木和一块正方形木组成，用榫卯或锔钉连接，上方是正方形，下面封口较小）盛出5升黄豆（每升2斤，共10斤）备用。传统的手工做法是，一人手推麻石磨子，一人用调羹搲出黄豆，有节奏地放入上层石磨的洞口，经过来回转动，就可将一粒粒黄豆研磨成浆，浆水经由旁边的槽口流入提桶中就可以了。也有懒人做法，即用打浆机磨浆，其特点是浆渣分离快、制作效率高，缺点就是会破坏黄豆的肌理，口感和香味也会大打折扣。

将豆浆和豆渣过滤后，豆渣需用柴灶小火焙干，其间不停翻动，微煳的锅巴也要捡去；因豆渣余温太高则烫手，温度太低则捏不成坨，等渣熟水干、不冷不热时，要像捏饭团一样将豆渣使劲捏紧。找一个脚盆或纸箱，底下铺一层稻草，再将豆渣坨子摆放在稻草上，每个间隔3厘米左右，第一层放满后，需再铺一层稻草，将豆渣在反复堆垛后，将其静置在温度较高的房间或床底自然发酵，早上和晚上，也要勤快查看并翻动豆渣，以保证上面均匀地长满白色菌丝。

反之，如果霉“上头”了，长了乌霉或绿霉，则不建议食用，首先是有苦味，其次是怕中毒。一位生物教研员曾解释，这种天然的发酵菌，就是依附在稻草上对人体有用的毛霉菌。豆渣中含有着丰富的植物蛋白，毛霉菌为其发酵创造了有利条件，正是因为有了这些毛霉菌，蛋白质才会被分解成各种各样的氨基酸，霉豆渣才会因此变得鲜美。

不得不说，这真是一门手艺活：如果箱温太高，稻草上凝结的水蒸气滴入，豆渣则会发苦；倘使温度太低，豆渣没霉过芯就易散坨，则看似一盘散沙，切时不能成型。老师傅会根据天气的变化来操作，一般两三天后，就要把最上层的稻草揭开拿掉，防止蒸汽凝水后往下滴。随后用刀试切，如豆渣内里紧实且无空洞，颜色也由白色变淡黄，这就意味着大功告成了。寻个晴好天气，用干抹布揩掉杂草、碎屑，改刀成小拇指粗的丝状，晒成脆脆的酥壳，像麻花一掰就断，就可封袋保存了。遇阴雨天气，也可将霉豆渣切成细丝吹成阳干，放盐抓几下进坛子，家里来客随抓随做，简单撩撇。

将猪油或菜籽油下锅，放半瓢长江水烧开，加霉豆渣盖锅盖同煮，起锅只放盐和新鲜大蒜叶，其汤味道鲜美，豆渣沁甜绵软，真正是“到穴位”。如今，在长沙一家名为“细红土菜馆”的湘菜馆里，也有一味“土豪版”霉渣汤，厨师会放入几两肉末，点缀少许葱花，味道更鲜也更有卖相。

想来，在秋凉如水的夜里，倘若每人端一大碗霉渣汤开喝，直到大汗淋漓、拍案叫绝时，我相信，乡愁此时也会和半弦月一样，缓缓地从心头升起……

那年柑子比蜜甜

在湘北地区，乡人将柑子唤做臭皮柑，其树围有40厘米，高约六米，其叶密果茂，青果质硬酸涩，且有苦味；成熟后肉瓤肥厚，色橙黄而汁水丰盈，开胃生津。它是昔日哄孩度日的零嘴，也是农村最常见的水果，如今却所剩无几。

和皱皮柑、脐橙和椪柑相比，柑子俨然是披荆斩棘的角儿，在日月光华中身披刺妆，在旁人看来却是荆棘刺球般难登雅堂。然而，酸涩是它的本心，那是一种最原始的坦诚和回甘。田埂旁、池塘边，野生柑子树作为篱笆而存在，整齐地站成一排，不施肥料、不避鸟兽，向阳而生。勤劳的农人，往往在柑子树的浓荫底下下锄，栽几蔸红根细梗土韭菜，在行间撒些草木灰，两者相互依偎，常伴左右，权当是对旷野之心的最大慰藉。

物资贫乏的年代，嫁接能手躬身下田，持一枚刀片划开柑子树皮一侧，将削平的橘树枝和柚树枝嵌入、绑紧，再用薄膜层层包起，只等两者贴合紧密，血肉交融。三五年后的深秋，大抵能看见一株柑子树，枝枝皆不同，孩童乐摘甜橘酸柑的盛景。然而，这些青橙不一的果实产量极高，如果不及时疏果，树枝就会被生生压弯、折断。

柑子熟后的晴好天气，如摘一片翠绿的柑子叶，一种天然的异香会顿时涌进鼻腔，引得喷嚏连连。找准柑子树树杈间的支点，将木梯架放起来，一人双手扶梯，一人腰间斜挎蛇皮袋或麻袋拾级而上，一边探寻柑子何处高枝挂，一边拿剪刀接连咔嚓。柑子既是贱物也是贵物，如果直接用手去揪，蒂子和表皮拉扯脱离开来，不仅会破坏表皮的完整肌理，果肉接触空气迅速氧化，还会加速变质腐烂。有经验的大人会手把手教孩童，采摘时手要轻起剪刀慢落，等蒂断柑落时再轻柔入囊。成熟后的柑子呈淡黄色，蒂子肥粗，越是向阳处果实越饱满；倘若柑子被树荫遮盖，蒂子则较细长，果皮也会生一层磨砂灰“铁锈”，以至于看相全无。

柑子下树后，也需温柔以待。将柑子平摊在水泥地或竹筐，下层以干稻草为“床”，放在床底或阴凉通风处，能置数月不坏。春暖花开时，柑子水分流失表皮起皱，剥开打蔫的果皮，这时的果肉干瘪且紧实，不再是酸涩之味，独有一分沁人心脾的甜，是劳作归来的开胃佳品。也有猴急的孩童，上课时以层叠的书本为屏障，三三两两躲在木桌底下，动作齐整地从书包里掏出柑子，剥柑子、吃柑子，动作行云流水、一气呵成，如今想来，真是调皮至极。

都说“良药苦口”，柑子其实还是一味中药，有治感冒和咳嗽多痰等功效。家人偶感风寒，老人取两个柑子放在柴火灶边，用文火慢煨直到变软，将拌入红糖的果肉捣破带汁趁热喝下，这种口口相传的土方法，乡邻们屡试不爽。如今，酸柑子和苦日子日渐远离，而这种来自草野的珍馐，却一直在我心头闪光。

莲藕弯弯懂谁心

春夜，不见莲叶生发。笨拙不知春，莲叶萌发总是慢人几拍。

在繁忙都市偶有发呆时，心头总是掠过长江水、淤泥巴、猪耳菜、革命草，还有那一节节弯弯如许，放在盆里当街卖的湖藕，交织出我对故乡最原始的眷念。常言道“一方水土养一方人”，对出生在湘北农村的我而言，断藕间的细线，串起了漂泊者对至亲的记忆，它是感念恩情的密码。

出于农人的脾性，父亲今年也把莲藕嫁接到了城里。他搬锹舞铲挖了好几天，硬生生整出一块有十多平方米的土坑，底部让红砖与水泥作伴，填进半米厚的泥土后，俨然就是一方都市“荷花池”。他很执着，委托堂弟从湘北背回一大袋土货。打开蛇皮袋一看，才发现是老家沉塌湖边产的野生莲藕种。细嗅，有一种自然的江湖气息；细看，这种莲藕表皮呈暗粉色，细长且有黑芝麻点，藕节处粗且短的黑“胡须”像在示威：你莫挨我！乡里藕进城里种，不知暂别了那方水土，是否仍然“出淤泥而不染”呢？

要知道，这种带牙黄色嫩尖的莲藕种下后，与泥土肌肤相亲、生长期长，成熟后肤色并不靓丽，但与人工种植、用高压水枪轻易“挖出”的浅土层藕相比，更粉糯、香甜。在湘北传统的农家小院里，往往会在禾场边的陶缸栽些藕，放些鳝鱼泥鳅，年关将至时舀水铲泥，盘根错节的莲藕仿佛是一幅乡村版“莲藕出水图”，拿来炸制夹心莲藕甚好。

大概是从小寄居在外婆家，我对于下田摘瓜、爬树摘枣等农事比城里孩子熟稔得多。扛着杂屋里的铁锹下田埂，荷杆如枯槁满目，顺着带刺的荷杆向下挖淤泥，常能看到泥鳅、鳝鱼的身影。对一个里手的挖藕人来说，一把铁锹就是钻山打洞的利器，挖藕前需要用盆子把泥水舀干，再在荷杆周边挖出多个四四方方的凹槽，只有在汗流浃背之时，才像考古学家一样，颇具仪式感地将长长的莲藕整枝取出，长吁一口气。这样的藕有看相，拿到集镇就能卖个好价钱。在我们这些孩子们看来，似是费时耗力的大工程。于是乎，少年挖藕人总会循着白嫩嫩的藕“赶路”，看到藕身就挖一寸，再用手抠下周边的泥土，待探寻到藕的走向

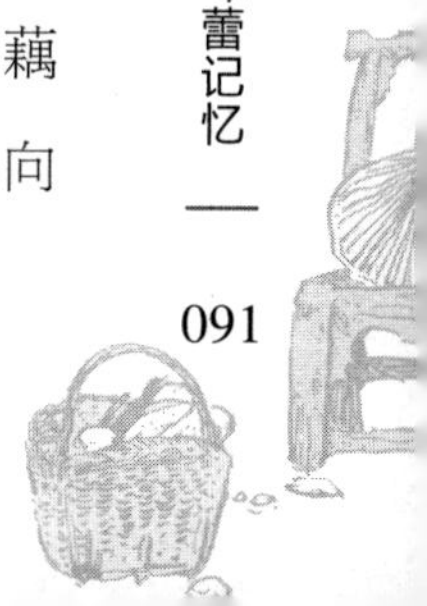

和粗细后再下铲，生怕浪费半分气力。前几年过年探亲，我在屋后一荒塘开挖莲藕，添了耐心和运气，竟然挖到了村里人口口相传，却又很少挖到的“箦箕精”（竹箦箕在手工编织过程中，竹篾相互交错、剥离不清，形容多且杂）。

清炒藕片、筒子骨炖湖藕、白豆角炒藕丁……好食材自然需要赏味者，它就像一个超俗的美人，不需涂脂抹粉。在我们看来，清炒莲藕是莲藕蜕变的好归处，最高水平即脆藕下锅去，出锅嘎嘣脆。这藕，仿佛是哪吒变身，可以修复心里的伤疤，或许也是另一种“人间有味是清欢”吧。

我的三姨妈去世多年，我想念的，大概还是姨妈烹调的记忆中的味道。作为一个典型的县城妇女，她生活上精打细算，对子女极其严苛却又舍得。夕阳斜照的日子，蜂窝煤火力足，一口铁锅乒乒乓乓，农家莲藕用破瓷碗边刮去皮，斜切成薄片，炒菜也极其讲究：锅用钢丝球洗净，菜籽油冒烟莲藕下锅，翻炒几下会自然析出黏稠的汁液，这时要沿锅边倒水，反复翻炒让锅与莲藕亲密接触，这道菜的关键之处就在于，要在关火后、起锅前放盐和葱花，这样炒出的藕片色白、质脆、无渣，我和老表都是抢着吃。这样的色香味俱全，岂是农村的铁锅土灶能炒出的？这么多年，我好像又明白了，生活本就不是一清二白的，有时候难得糊涂，不在意其表象、顺其自然，或许也是一种大智若愚。

就像母亲总告诫的，在家里生活也好，在社会上立足也好，许多东西扯不清道理，但要像这莲藕一样玲珑剔透、心里清白，就足够了。

春天里，我在等一节“漂泊”异乡的莲藕归去来。是它，让我与泥土更亲、离故乡更近。

泪眼婆娑烀鸡子

晨起，秋雨满山，栗叶飘黄，枯朽的谷皮树缀出点点星辰，细看之，一茬茬木耳从夹隙中冒尖，耳面乌黑、肉厚细腻，劝君及时采撷，否则，唯恐往返蹦跳的土鸡啄食。

想来，野生木耳竟似珍馐，味如土鸡般滑嫩紧致。吃食之于地域，常在方言和人情中升华。比如岳阳华容人讲话喜欢带“子”，动物一类唤作猫子、鸡子、狗子、猪伢子；美食和物件类，则称鲊粉子、团子、豆腐丸子、鸭划子，字里行间，表达的是对大自然的亲昵。

鸡子，即农家土鸡。而烀鸡子，则是湖区人一种特殊的烹饪方式，即把食物放在锅里，加少量的水后盖紧锅盖，加热使之变熟，熟后再放入二次磨碎的米粉搅拌均匀，经过二次加工蒸熟再上餐桌。而在东北，烀苞米、茄子、土豆是传统特色菜，无论是湘北还是东北地区，烀菜总能将食材本味原汁原味呈现。

一年生小公鸡宰杀后放板栗清炖，据说可让小孩噌噌长个子；两年左右的土母鸡肥而不腻，开鸡笼门时顺手抓一只，用布条绑扎好，宰杀时还得念念有词：“畜生畜生你莫怪，你是人间一道菜；世间有人吃鸡肉，我持屠刀实无奈。”我的外婆不能杀生，这种事向来委托邻居操办。

生活忙碌不已，每每回家，我依然会守着柴火灶陪老人家吃饭。烀鸡子是奶奶的拿手菜，做法大道至简，如今昔人已往，偶尔食之竟惹得泪眼婆娑。你看，铺了燕子瓦的厨房烟熏火燎，推开门，烟雾中走出一个猫着腰的老者，一脸笑容看着你。脚跟前，是用稻草、稀泥和窑砖糊就的灶台，一侧耳室的大肚铁瓮可盛热水，灶旁是竹片等引火薪柴。饭熟后燃一根细支的香，我和堂弟则围坐灶边烤火吃饭，日子悠远。

对农家人而言，母鸡要留着生蛋，过节才舍得宰杀，平日几乎很难吃到烀鸡子这道菜。特别是奶奶常年吃素，桌上菜蔬基本靠自种自足。读书放假回家，或逢年过节时总能体悟到来自祖辈的爱。柴灶生火，以少量菜籽油为引，放入切丁的黄色鸡油煸炒，鸡肉、鸡杂洗净后斩切成块，放桂皮和黄姜同炒，只搁食盐入味，待鸡皮微卷、焦香四溢，放山泉水焖煮收汁，一手将米粉（用大米反复研磨成

的粉末）掚入锅中，一手用筷子顺时针搅拌，盛到瓷碗中上蒸笼蒸半小时即可。食之，土鸡自带香味，米粉消油解腻，大人下酒可吃，老人小孩也可夹一筷子，不似卤鸡、椒麻鸡、白切鸡那般，要靠些调料加持。

锅巴焦脆，鸡肉嫩滑，没有其他烹饪技法，全部靠食材本真味道。而烀鸡子配锅巴饭，则是不少异乡人的心头好，如今却只能隔山遥望。

公鸡打鸣了，零星记忆好似昨夜星辰，在我心头隐痛。暗夜里，星光微闪。

忆苦思甜芥菜头

芥菜好苦，蜜糖好甜。

之所以发出这样的感叹，是感念年岁和生活的造化。四年前，还在广东某港资企业任工程师的父亲，毅然丢下扳手和CAD图纸，自愿回长带孙。三个月后，黑眼圈已不知不觉上脸，白发悄然爬上双鬓。

于是，一刻也不愿闲的他，索性重捡锄头和耙子，在浏阳河边破土开荒，挖藕池、种蔬菜、栽果苗，忙得不亦乐乎。为了防止陌邻偷菜，他干脆睡在菜园边，日夜守护这些瓜果蔬菜。

又到芥菜发旺时。当一茬茬青绿、脆嫩的芥菜叶和芥菜坨被带回家，我们仔细嚼之，内心竟生发出忆苦思甜之感。

二十世纪九十年代的华容农村，没有“买码”和刷抖音一说，大家勤勤恳恳，清早起床开鸡笼门，拿竹扫把扫禾场，在菜园里挖地扯草，日子悠长且慢。目之所及的菜

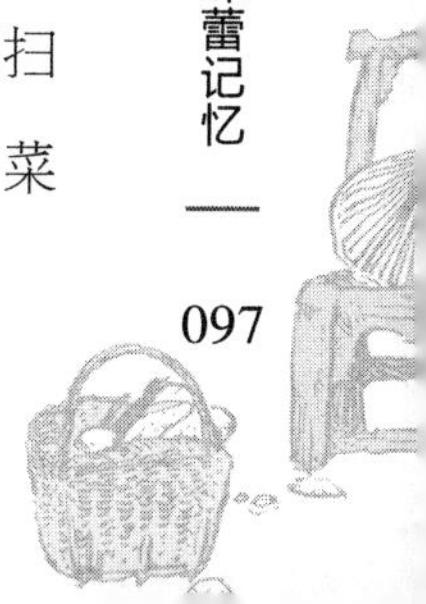

园，一律分布在房前或屋后，农民用细竹和红砖穿插、叠码成篱笆，打开篱笆门，脚踩在松软的地里咯噔作响，随便动几下锄，就可看到成片的白色螺壳，原来，这里土质松且肥，落土可成苗。我们做完作业后，常常主动蹲在菜园里，帮外婆挖洋芋头……

《广群芳谱》说“其气味辛辣，有介然之义”，所以称为“芥菜”。而在华容各乡镇，隔壁左右、家家户户都种芥菜，久而久之，芥菜就被喊成了“家菜”。大雪节气前后，是砍芥菜制酸菜的好时节，把菜叶晒得“糜痨的”（形容植物失水蔫了），用盐揉搓压紧就可进坛子。待它再次“面世”时，就是一片片金黄发亮、开胃生津的老坛酸菜了。

而芥菜头呢，一律是大小不一的圆锥形，表面有深浅不一的疙瘩，大家喜欢唤作“芥菜脑壳”。然而，困扰许多人的问题却是，用刀削去芥菜头表皮时，会产生刺鼻的冲味，这种特殊味道究竟从何而来？咨询一生物老师才得知，芥辣味是十字花科植物特有的味道；其次，芥菜中含有鞣酸和苦味素等，其中有种叫异硫氰酸酯的成分，其味道微苦，是蔬菜为防止昆虫吃掉自己而与生俱来的“小伎俩”。芥菜头被煮熟后，鞣酸和苦味素等被破坏，味道也由苦变甜。

说起冲味和辣味，我的好友谢君喜食三文鱼，每逢席间相聚，他都主动拿筷“敬菜”。只见他夹起金枪鱼的大腹部位，一番“科普”后猛蘸芥末，即使被呛得喷嚏连连，他也依然露出诡谲的笑，称三文鱼为“男人的加油站”。其实，日本料理中的绿芥末就源自山葵，山葵本身含有异硫氰酸酯类物质，其中，异硫氰酸丙酯是芥子油的主要成分，刺激性辣味最强烈。这些辛辣物以糖苷形式存在于细胞器中。手工研磨山葵时，其组织细胞被破坏，产生的内源酶（如黑芥子硫苷酸酶）对糖苷进行降解，从而释放出冲鼻气味。

我常常调侃谢君称，荤素都是苦辣味咯，不如吃碗“芥菜脑壳”，价格划算极了。这个时节，随便找一个寻常的农家乐，巧手的婆婆子削去芥菜头的老茎等，切成2厘米厚的片，放风吹肉或新鲜五花肉同炒，自然甘香与天然新鲜在锅盖下“灵魂激荡”，一味正宗风吹肉煮芥菜火锅，闻之香气扑鼻，观之细嫩白软，盛一碗焦香的锅巴饭，三下五除二便下肚了，碗里只剩些青蒜叶和奶白色的汤，好不快慰。

和榨菜不同，芥菜头一般用来鲜食或盐渍食用。以凉

拌芥菜丝为例，将去皮的芥菜头洗净切丝，用盐和白糖同腌，二十分钟后用手挤去汁水，以保持芥菜脆嫩的口感；待芥菜吹干水汽，放剁辣椒拌匀，吃前滴花椒油或土麻油，是下酒和解酒的抢手菜。

天寒地冻的日子，邀三五好友围炉小坐，端一碗爽脆的凉拌芥菜丝，就着一钵风吹肉煨芥菜头火锅，笑谈人生，岂不快哉?

满口都是乡野味

立冬后气温骤降，农人劈柴烤火时，也是熏制腊味的好时节。除开腊肉、腊肠和腊猪脚这“老三样”，腊猪肝这种毫不起眼的“猪下水”，经过精细处理后，却是一种大道至简的灵魂至味。猪肝之于我，既是孩童时的珍馐美味，也是感念外婆的亲情密码。二十世纪九十年代，父母北上进厂务工，我则寄居在外婆家。因我打小营养不良、身材清瘦，为给我增加营养，猪头骨、筒子骨和猪肝等食材，就成了外婆桌上的常客。

那个年代收入低、物价低，一般农家逢年过节才称一斤猪肉打牙祭。养猪的农户外出办事吃酒时，要留一个人在家照看，或交代左邻右舍喂猪食，一头猪从年头喂到年尾，年底售卖后可为家里增加一大笔收入。那时，专业养殖场未遍地开花，猪源以农家喂养为主，猪食多是潲水、水煮南瓜、红薯和草食，猪的个头小、肥肉多，但肉质的香嫩程度并非精养猪能比。平日里，猪贩子扮演着“包打听”的角色，哪家哪户的猪可出栏，就开车带秤上门买猪。凌晨4点多，正是半梦半醒时，猪的惨叫声往往划破天际……

天麻麻亮，外婆带我赶早到圩场唯一一家肉铺，肉往往还冒着热气，猪肝则是论斤称卖，主顾指哪儿，杀猪佬就割哪儿。挑选时，需选新鲜的粉肝，这种猪肝摸上去质感软嫩，看起来带少许光泽，呈鸡肝色或赭红色。食材是一切美食的关键，如果运气不好选到麻肝，即使厨艺再好也食之无味。对会划算的主家来说，猪肝便宜且营养丰富，也是补血佳品，具有补肝明目、养血和营养保健等作用。

猪肝买来不用清洗，用菜刀轻轻划开几条口子后，直接带血腌制，用手捧精盐均匀地在猪肝表面按摩，摊平放在搪瓷钵里腌制3天左右，其间需多次翻缸，让食材全部被盐水浸泡、持续入味。猪肝取出后，用铁丝串起分条挂在走廊阴凉通风处，待水分散去、肉质紧实，再挂在室外晒两个冬日暖阳，会有状如汗滴的油花冒出，表面由褐色变为黑色，腊猪肝的制作也就宣告完成。

腊猪肝无泥腥气，且利于保存，随时取用。待到食用时。先用温水洗净，整块搁在米汤饭上蒸制30分钟，凉后切薄片摆盘上桌。腊猪肝自带氨基酸，入口时初觉嫩软糯香，细嚼舌尖又弥漫一丝鲜甜。好吃者往往不嫌麻烦，喜用腊猪肝制作“风味猪肝”，取干椒节、姜片、蒜片爆香，悉心炒至逼干水分，出锅撒五香粉和熟芝麻，椒香浓郁、酥脆可口，既是闲聊时的零嘴，也是佐酒佳品。

这几年我漂泊在外，很少能回家吃到这一种儿时美味。今年上半年在长沙城北近郊乡野农家，有幸品得一味爆熏猪肝，方觉和腊猪肝有异曲同工之妙。长沙本地的农家把新鲜腊猪肝买回，洗净放在竹篾篓上，熏桶内里点火放米糠、锯木屑等，用烟子熏一晚上，第二天取出改刀切片，放生姜蒜米、米椒碎、乡里麻油、生抽和剁辣椒，拌匀后吃冷盘下酒，颇有外表焦脆、内里溏心之感，满口都是乡野味。

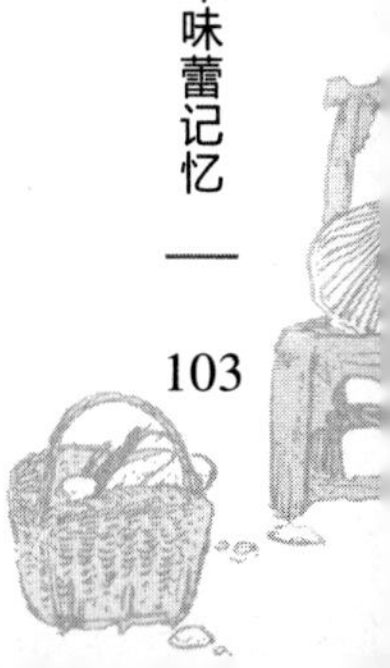

一根萝卜

冬吃萝卜夏吃姜，讲的是时令与节气的故事。在繁华都市沉浮，春节期间每每游走于各种宴席，觥筹交错之余，都应怀有一种“应时而食”和“不时不食”的养生哲学，既给身体难得的偷闲，也不失为一种大智若愚。

那是大雪如盖车马稀的岁末。冰凌倒挂，我推开菜园柴门，随外婆拿铁锹和锄头入园，一铲铲敲开冻得梆硬的泥巴，呈现在眼前的是一截乌青色的萝卜，揪掉萝卜叶，下方是粗如手臂的白萝卜。放井水拿干稻草搓净泥巴，洗净切拇指状粗条，搭配腌制腊鱼取下的新鲜鳙鱼头、鱼尾，掺些鱼肠、鱼白和鱼子，吊锅里搁些菜籽油、姜丝、华容芥菜丝，爆香掠一瓢长江水焖煮，铁锅下是烧得正旺的构树蔸、白杨树蔸，好事者放的臭皮柑和苕块，冒着香气和热气。记忆里，那是一座有天井的老房子，房梁中央的毛玻璃被熏得发黄依然透着光，柴屑灰肆意飘舞，如快意潇洒的浪人。老人和小孩围坐一团，你一筷我一勺，血气方刚的汉子拿一小盅子，嘬一口谷酒下喉，一烫带三鲜。虽是萝卜小菜却也自得其乐，其中的大道至简，试问几人懂?

湘北大山里，勤快的农妇不搓麻将喜农事，用时光和一亩三分地较劲，为了迎接子女归巢，她用一双皱手创造了一钵钵舌尖上的滋味菜。红滴滴的樱桃萝卜搓盐，放在芦席上风吹日晒，待到脱水起皱拌剁辣椒进坛密封，吃时切滚刀块放土麻油，开胃消食。席间，倘若还有脆甜香的揉萝卜菜和蓑衣萝卜，我想，萝卜界的“满汉全席”也足以让大肚便便者大快朵颐了。

荷包稍鼓，疲于农事的人们，大多迷上了喝早酒。记忆中的清早，街边小店的竹屉笼冒着热气，一钵嫩白的蒸萝卜丝勾人味蕾。父亲带着我“馋口水”，夹几片卤香干、一颗卤蛋，切些猪头皮肉等，三三两两的熟人就着白酒当街小酌，卤菜的香、白酒的辣、萝卜的甜、人性的真，通通倒进喉咙化作一天的“鸡血”，仿佛能够消解人生的酸甜苦辣和百味交集。

一碗蒸萝卜丝的甜，足以慰藉记忆之苦。如今，老家禾场上有一棵高20多米的树，树皮为黄褐色，树干空心却挺拔，光怪陆离地伸向天空。父亲共有七兄弟，因为家境贫寒，他和几个哥哥曾被过继到本家的远方亲戚家。那个

年代，爷爷靠养鸭和挑鸭蛋到圩场卖，父亲也一度吃过这种不知名树的树皮和树根。常听人讲，大家吃的油是棉籽油，饭桌上最常见的就是萝卜白菜。没有荤腥不开胃，奶奶就变着法做菜，煮萝卜、酱萝卜、泡萝卜、辣椒萝卜丁……

父亲说，蒸萝卜丝时，需取霜打的本地白萝卜，用铁刨子或菜刀切成细丝，抖散后均匀地撒上黏米粉，蒸锅内水开后，铺纱布放萝卜丝猛火蒸十来分钟，待表面无明显干粉，筷子搅动起膏粘筷时，放熟猪肉、剁辣椒和麻油拌匀，唇齿留香。

转眼年已过，萝卜长势好，寻一蒸笼上灶台，岂不妙哉?

五香榨菜坛子味

我的老家华容县塔市驿与湖北是一衣带水的好邻居，仅一江之隔。过年期间，我和父辈从新沙洲汽车渡口坐船跨省省亲，抵达湖北省监利市时，正是难得的冬日暖阳。

沿着红城乡临河村往前走几百米，眼前是一家平平无奇的夫妻小店。我在厨房查看后发现，两口子正忙着炒菜配菜，老母亲则坐在板凳上择红菜薹，间或扫地和抹桌子，放寒假在家的儿子、女儿临时当起帮工，端茶倒水上菜装饭，忙得不亦乐乎。席间，三鲜汤（鱼糕、肉丸、香菇入汤）、蒸草鱼块、藜蒿炒腊肉，赢得大家的一致点赞。其中，爆炒榨菜丝这一道简单的家常菜，更是令大家感慨，颇为忆苦思甜。

卖相，真是清澈。湖北人真会吃，带皮的细榨菜丝，腌渍几天后压出水分，阳干后收起保存。吃前洗净泡发，起锅下猪油放豆豉和大蒜碎，慢慢滑散榨菜使其均匀入味，中途再放入芹菜梗、新鲜大蒜段、五花肉丝、青红椒丝同炒，起锅前滴入酱油、淋入生抽，再掀一小勺红油辣子同炒，满满一大盘，锅气十足！

饭后散步，往一座土地庙的方向走，眼前一律是鱼塘、农田和菜园，中午时分，三三两两的勤劳农妇还在忙碌，她们抡着菜刀在田里弯腰抬头砍榨菜头。雨水节气前后，是收割新鲜榨菜的好时节，过早则产量低，过迟易空心。无论是人还是菜，都得遵守大自然的法则。

不远处的水泥地上，堆满了枯黄的榨菜叶，主家戴着纱布手套，用手一把褪去榨菜下方的榨菜叶，只保留顶端为数不多的几片嫩叶，一把利刀顺着榨菜尾部的老皮和茎，耐心地细细剥开，直到老掉的茎、疙瘩和斑点被逐一削掉。洗净切片后再改刀成长条，接下来，就等待大自然的“造化”了。

不是少年不识味，只是异乡少相识。此情此景，不禁使我想起长沙一家华容人开的饭店。有一次，三五好友夜宴小聚，酒过三巡后，店家端来一碟下酒凉菜，神神秘秘地说，这是只有老乡才能吃到的珍馐，只送不卖。原来，店家端上来的是一道凉拌阳干榨菜丝，开水洗净消毒，拌入剁辣椒和生蒜末，淋少许生抽、放白砂糖若干搅拌，拌乡里自榨麻油，吃前再淋一小勺热菜籽油即可。席间都是赏味者和好吃客，大家纷纷举筷起抢，然入喉后，才发现它竟脆苦涩辣，味如苦瓜。不久后，又隐现一股回甘，真是奇妙的菜蔬。

说起榨菜，就不得不说一说芥菜。其变种繁多，湘北地区农民栽种的品种，主要包括雪里蕻、儿菜（芽用芥菜）、宽柄芥菜（做酸菜用）、榨菜（茎用芥菜）、菜头（茎瘤芥，即芥菜的茎变种）。而榨菜属十字花科芸薹属草本植物，地下有较大的瘤茎，其表皮青绿皱裂，肉质白厚，质地脆嫩，新鲜的榨菜切片与风吹肉同煮，喝时如饮鸡汤；以小米椒碎为佐料，拿榨菜来炒肉片，也是下酒的“快手菜”；将切丝的榨菜焯水，用盐腌制后抓去水分，炒干水汽，放麻油、辣椒油凉拌着吃，是上好的凉菜。

我的奶奶生前常年吃素，极其爱做坛子菜，也是远近闻名的“能干婆”。记忆里，饭桌上常看见清炒五香坛子榨菜和清炒酸菜，一张小小的饭桌，下置布鞋、梳子等生活用品，桌面一角还燃着半截细香，吃饭时仪式感和神秘感十足。

那是榨菜收获时，奶奶将其削茎洗净拌盐后放到竹簸箕里，让榨菜沐浴阳光，直到晒得阳干，鲜有水汽和青味后，复拌生姜丝、五香粉、八角茴，用手揉搓均匀就可

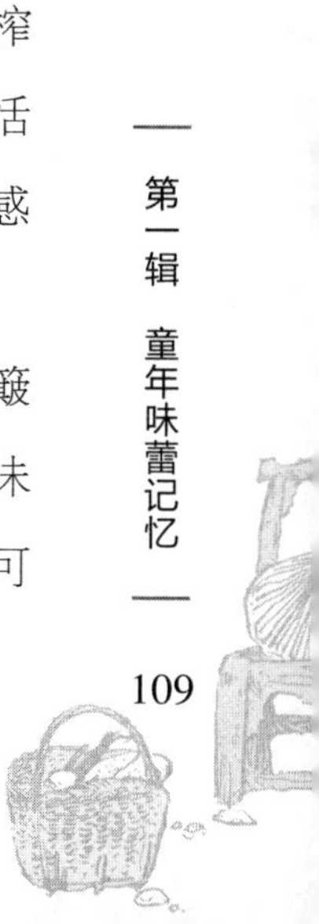

进坛子。在自然发酵和老坛的双重加持下，乳酸和器物赐予榨菜微酸和坛香。田里蔬菜青黄不接时，拿一蔸切薄片，拍大蒜粒放菜籽油同炒，特殊的甘香瞬间弥散开来。食之无味时，拿五香坛子榨菜佐粥或咽饭，都是极其开胃的。

一道家常菜，最是田园味；都市春来晚，不如早回乡。

品尝温婉鱼冻子

长沙韶山北路，一家其貌不扬的餐厅，店家端出一小碗红绿相间的吃食。问，来者何物？对方竖起拇指笑了笑，讲是老家溆浦的特产，轻易吃不到，嘱我举筷尝尝。

轻戳之，松软Q弹；细观之，辨得鱼刺、肉皮冻，以及猪筒骨、姜末、青蒜叶、油辣子、剁辣椒和鱼糜。用调羹掠一小瓢入口，似果冻般滑入舌头，舌头搅抿一番，剔去鱼刺和碎骨，顺势将其往喉咙深处送去，充盈口腔的鲜甜及辣味弥散开，瞬间软化成汁水。哦，原来是久违的鱼冻（鱼冻是胶原蛋白在温度降至其凝固点以下时，胶原纤维之间发生交联而形成的食物）。

十多年前，朋友张君从溆浦山区走出来学厨，直至如今创业开店。他学历并不高，对食材的理解却至真至诚，坚守食材本味，每周折返于城市和乡村间，把农家红糖、鸡蛋、腊肉等亲自背回。这种对美好事物的执念，大概也会口口相传，以至于张君的溆浦老乡、著名作家王跃文也

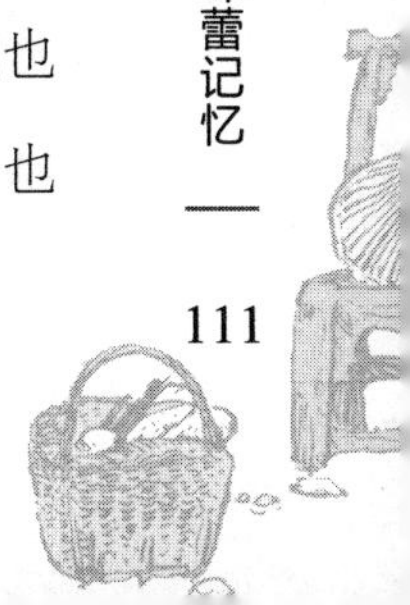

频频到店大快朵颐。

“入溆浦余儃徊兮，迷不知吾所如。”千百年前，我的本家屈原（屈原姓熊，与楚国国君是同姓，是楚武王的儿子瑕的后代）被流放溆浦后，在诗歌《涉江》中写下种种迷惘。当时还是“穷山恶水”地的百姓，是否曾用冷峻的溆水，为他烹制过一碗溆浦冻鱼呢？我想，可考与不可考，已经不那么重要了。“有时候溆浦话倒过来就是普通话，溆浦人讲的冻鱼其实就是鱼冻，新鲜的鲢鱼或雄鱼鲤鱼被粉身碎骨后，在油盐酱醋葱姜蒜的搅和下又在火焰上劲歌热舞。”只是没想到的是，千百年后的溆浦诗人，竟幽默地写下这样凄美的诗句。

而我却以为，溆浦冻鱼是不能和华容的鱼冻相比的。毕竟，我们的鱼是见过世面，是在大江大河折腾过，是在长江里吃过活水的呢！

我生活的小村落因毗邻长江，故名“长江村”。那时候，长江虽未禁捕，我们这些“常在河边走”的人，却几乎不下河捕鱼，鲜有机会吃到河鲜。偶有口福，一定是姨父从清晨的鱼市“抢”来的，不知名的红眼鱼或红尾鱼。我们并不知其名，只知这鱼长在江边芦苇荡下，不放鸡精味精，鱼肉清甜无腥味。

二十世纪九十年代末，雾蒙蒙的早晨，村头的广播反复播放防病虫害之类的通知，村级公路上那个踩着凤凰牌单车，穿旧的确良衣服或裹旧棉衣的男子口中，一定会吆喝声声：卖鱼哦，卖团子、豆腐、千张子、麻辣菜哦！乍一看，单车尾部还绑着两个篾篓或尼龙筐，内里是蹦跳的黑壳驼背土鲫鱼，也有虾米、鳑鲏鱼和麻嫩古等杂鱼，不知道是这人自己下塘捞的，还是哪儿有野生鱼可进购……

我一直被奶奶带大，可以说是典型的农村留守儿童。那时奶奶还未长年吃斋，肉也吃得少，倒是鱼吃得极多。嫌刺多，鲫鱼是绝不去买的；鲢鱼又太腥，一般是买一条麻鲢，在地里扯一根白萝卜，切成中指粗细，大铁锅和铁架子下放篾片引火，搁树蔸起炉火上吊锅子，把鱼两面煎得金黄，放江水没过鱼块同煮，放姜末、剁辣椒和大蒜叶，鱼肉不戳烂也不翻边，三五人围着火炉，就着坛子洋姜和酱萝卜下酒。酒过三巡，将鱼汤等盛入碗钵中，放在两层的木碗柜里，第二天拿出时就是透明鱼冻了。鱼汤冻结后夹得上筷子，悠颤而不坠，入口心胸顿爽。华容不似新化紫鹊界或贵州地区，刻意为鱼冻而鱼冻，华容的鱼冻取自残羹剩水，不刻意而为之，是顺应寒冷时节的珍馐。

我的外婆则不一样，她把大手一招，三两只土鲫鱼就

被人送上门来了。柴火灶煎鱼放水盐菜（华容芥菜）同煮后，鲫鱼躺在碗底，只见酸菜不见鱼，老人家舍不得吃，我们这些后生伢子，往往被责令多吃饭少吃菜，不允许随意在碗里翻菜，夹几筷子后须到一旁去，吃完饭后还要和老表分好工，须有人收拾碗筷，有人扫地倒垃圾。偶尔能过下嘴瘾，一定是年底剖鱼晒腊鱼时，那时，迎接我们的是鱼头鱼泡鱼肠，真是让人口水横飞，伸筷起抢。

我们这些怀念旧事、旧时、旧食的“饭搭子”，在长沙却一律极少吃鱼。席间，常有人敬菜且劝你趁热吃，一瓢瓢的热汤，一口下肚怕烫了喉咙；这时，我们只想有一碗晶莹温婉的鱼冻子上桌，拿它拌热饭罢，看它从果冻化为汁水，真好。

那一瞬间，仿佛命理中所有的不快和梗阻，都在无形中消解了。

“可盐可甜”是洋姜

洋芋头、洋姜……在小农经济时代，柴米油盐自给自足，偶尔也有开眼界的“舶来品”，我们则需在它名字前加个洋字，镜子叫“西洋镜”，自行车唤作“洋马儿”。就好像平日里的长沙人，吃到新菜或喝到新式饮料，比如辣椒炒槟榔或手打苦瓜茶，会大呼“玩点净洋意子”；亦有人用洋字来戏谑人，比如“真是有点洋五六”。

有时候，我觉得我以及很多同我一样的农村伢子，总是忙于赶路且风尘仆仆，内心极度自卑且愁深，总希望抖落尘土，接点“洋气”。这种洋，既有“腹有诗书气自华”的精神食粮，又有肤浅意义上的物质食粮，这种无可名状的感觉，就好比是在鱼肉森林中寻一丝清雅气或古早味，比如，一小碟酸甜脆嫩的洋姜。

年少难识家乡味，懂时已是异乡人。在房前屋后或田边空地栽几株，第一年种下后年年都可采挖。洋姜极其“低贱”，从不挑生长环境，水塘边、篱笆边、沟渠边，甚

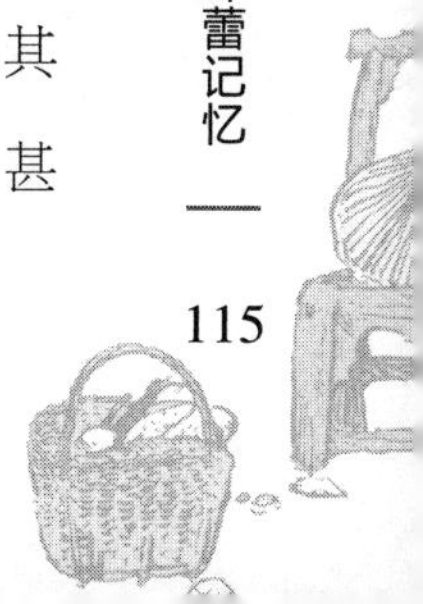

至垃圾堆或白杨树下，但凡土壤肥沃、腐殖质多处，就有高1至3米的植株冒出，直立的茎秆，分枝处长出椭圆形且带白色短毛的叶子。即将成熟时，其顶端会长出颜色淡黄、状如向日葵的花盘，花小且无籽，常吸引蜜蜂或虫蚁驻足，农人却少有闲情欣赏它的美。洋姜开花时，根部的块状茎大抵也初长成，有纺锤形、吊坠形等。和凉薯、花生不同，洋姜不可生吃，需要时间的沉淀和手艺的造就。

十月过后天气转凉，叶片纷落，正是挖洋姜的好时机。脚踩一双解放鞋，腰扎旧蛇皮袋，戴上纱布手套，手提塑料桶子，拿上锄头和洋锹，挖洋姜二人组合架场。我们的“套路”是尽量不将洋姜挖破，先扯掉洋姜的茎秆，抖掉泥沙在一旁码放齐整，再沿着纵横交错的根茎，将根部相连、大小不一的洋姜一块块掰下，多次重复这样的动作后，成功收获第一批洋姜。沿着洋姜植株的生长间距和地上突起的“裂口”，一人开挖一人捡拾，散落各处的洋姜黄白相间，表面凹凸不平，外表形似生姜，味道却不冲人，其产量也极其高，随便就可挖得几十斤。

挖回后，既可晒干也可阴干，待洋姜表皮起皱、颜色发黑时，这就说明已经完成了“糖化”的过程。这也意味着，洋姜在静置过程中，硬度开始下降，逐渐失去部分水分，原有的淀粉和菊糖也转化成了果糖，吃起来会自带甜味。腌制前，将洋姜清洗干净，控干水分，再将坛子洗净、晾干，往盆中放入食用盐和大量白糖，再滴少许高度白酒，用不沾水的手将整块洋姜密封至老坛，约莫半个月，洋姜就腌制完毕。这种做法取其本味，待“嘴里淡出个鸟”时，取十几坨洋姜，洗净后改刀成厚薄均匀的片，起锅烧菜籽油，爆香大蒜米后放洋姜热炒快炒猛炒，放些青椒圈和大蒜叶，起锅前滴几滴麻油，吃的是洋姜的爽脆。

对饮酒之人而言，洋姜不失为一道开胃下酒菜，其做法也和前述截然不同。勤快的乡邻会将洋姜改刀，放盐、糖、剁辣椒、小米椒、大蒜、生抽拌匀，进坛子二十天后的洋姜完成发酵，淋麻油后可直接开吃，可谓酸甜可口，香辣开胃，无论是配米饭还是白粥都“到穴位”（华容话用来表达刚刚好的意思）。平日里，也常听医生朋友讲，洋姜不仅可满足口腹之欲，还具有止痛活血之功，多吃更可调节肠胃功能。

而在逢年过节的餐桌上，兄弟姊妹们总会被大鱼大肉和火锅的油腻所困扰，这时，盛满洋姜的瓷碗端出，大家绝对会举筷相迎、大快朵颐。这常常让我想起读小学时，如果哪个孩子的书包里有瓶瓶罐罐，里面一定有腊鱼腊肉

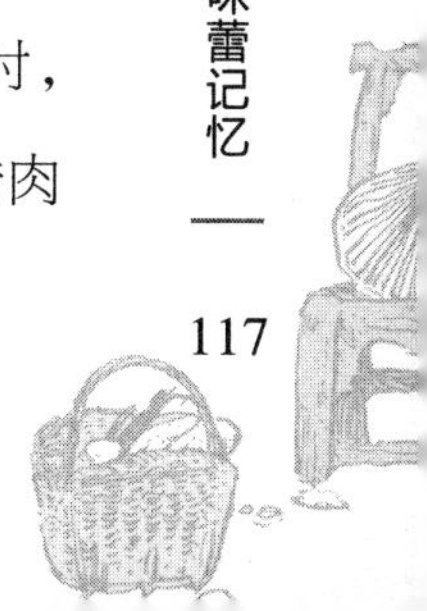

或洋姜、辣椒萝卜，调皮的孩子则会趁着同学玩跳绳的间隙，拧开瓶盖偷吃洋姜“打牙祭”。

如今，我三岁多女儿的骨子里，似乎也有华容人爱吃、懂吃、会吃的基因，我平日和她交流都是讲的华容话，饭菜也是华容做法，她的懵懂和挑食，常让我苦恼不已。奇怪的是，“小粒子”年龄虽小，却很喜欢吃口味菜，红烧肉要吃，放了辣椒的红烧鱼也要尝，切得米碎的坛子洋姜搭配馒头，在她口里也津津有味，真是可爱又好笑。

午后，沿着南边的窗子坐下，倘使有一碟洋姜作伴，我们一定会对“可盐可甜”的生活相视一笑，然后大步向前。

焦脆柴火锅巴饭

漆黑的夜，水塘里偶有鹭鸶扑棱翅膀，间或有野物穿林打叶，发出些奇怪声响。眼前这口浅塘早已不见浮萍、菱角、茭瓜和菖蒲，七零八落的残荷与野莲也已低眉。湘北农村的冬至，将近了。

往年的这个时候，我们大抵是栖在火炉边，借着柴炭的暖意，来抵挡大自然的冷峻。最爱在这时吃点什么，譬如，刚从大陶缸里捞出的糯米糍粑，或者刺树枝头刚摘的酸柑子，以及蛇皮袋里码堆的南瓜苕，才敢歇斯底里释放出酸甜苦辣。也可豪放些罢，切一筐萝卜丝煮麻鲢鱼，大家你一句我一句，轻松自在，真好。

这样的冬夜，当烈辣穿行于肠胃之时，内心却总留有一份永恒的执念和清醒：随意莫喊我吃饭，除非拿坨锅巴来。爱吃锅巴的人注定是怀旧主义者。比如，周末陪老人家玩一圈麻将；连夜赶回老家，喝一碗放了白糖的锅巴粥；临出门前，从锅里抓一捧焦香四溢的锅巴饭，

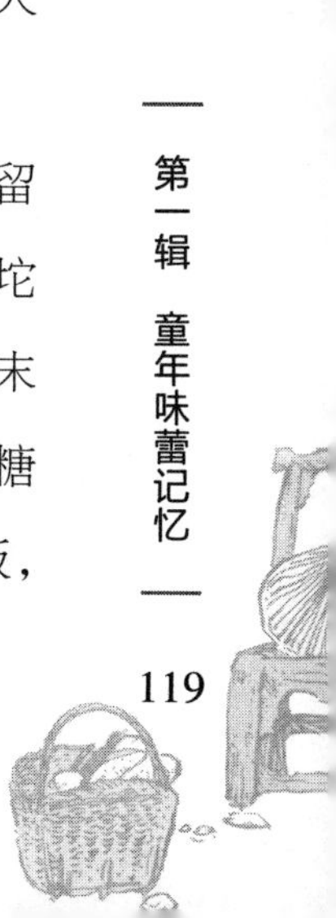

如此甚好。

年少不知锅巴好，错把鱼肉当成宝；乡野农家炊烟升，泪眼婆娑才是真。

锅巴的词典释义是，将生稻米倒在放了水的大铁锅，用薪柴引火焖煮，煮熟后紧贴着锅面结焦成块状的一层饭粒。而我却认为，锅巴是倒装词，可理解为“粘锅或粘在锅底的米饭”。到了农家乐或者大都市，它们摇身变成了味美清香的特色锅巴饭、杂粮锅巴粥。

记忆里的锅巴，永远焦脆，永不褪色。二十世纪九十年代的农村用土灶煮饭，土灶其貌不扬，讲究的主家，会在灶台外贴马赛克砖或方片瓷砖。土灶高1米多，宽约半米，灶前端呈圆弧形，下方置有对称的石块或砖块，以确保铁锅放上去后不会松动；后端，则向灶内开有两个相连的圆形口，上置铁壶或不锈钢甕，饭菜熟时，壶里的水也烧开了；灶旁，则有一根数米高伸向天空的烟囱。

用土灶煮饭是门手艺活，最难掌握的是火候，从取引火柴，到火焰燃起再到添柴加火，最后再到退柴制作木炭，每个环节都至关重要。这就和我们为人处世一样，火候没到就是夹生饭，火候过了就是煳锅巴饭。这类人和这类饭的缺点也很明显：弃之，可惜；食之，则有煳味。怪不是滋味。

说起锅巴，就要讲起童年。我们的童年和少年时光，大抵比同龄人都过得复杂。幼年随长辈干鱼塘，稍长时下塘捞虾挖藕，再长时懂事极早，下田栽秧、捡拾棉花、种瓜点豆，偶尔拿篾刀帮外婆劈柴、砍柴。外婆的老屋在长江退水后的原大堤后，建于二十世纪八十年代，东西南北都有厢房，堂屋两侧各有木质壁柜，一律放满了干瓜瓢、煤油灯和大大小小的种粒。房里呢，有铺了灰色罩子布的老式凌波床，抽屉中间，放置了两个晚清还是民国时期的蓝花瓷罐，揭开盖子，映入眼帘的是白糖、麻糖或人参米。屋后，是我和舅舅扦插而生的欧美白杨林，可以听见飞鸟和鸣。

草木生长，叶败枝枯，为烧柴火饭提供了薪柴。每天，我和表哥分工明确，有人当烧火佬，有人洗碗洗菜，还有剁肉丸、切菜的表姐。到我烧火时，有一次，我端着矮凳子坐在灶台前，用火钳一个劲地往里添柴，外婆却弯下腰不紧不慢地说，添得勤不如添得巧，如果直抵灶膛底部，薪柴未充分燃烧，就会产生黑烟，这时会冒出一茬茬的“黑鱼脑壳”（表皮燃烧过却没烧过芯的柴火）。我的姨父平时言语不多，然却句句在理：“人要实心，火要空心。”意

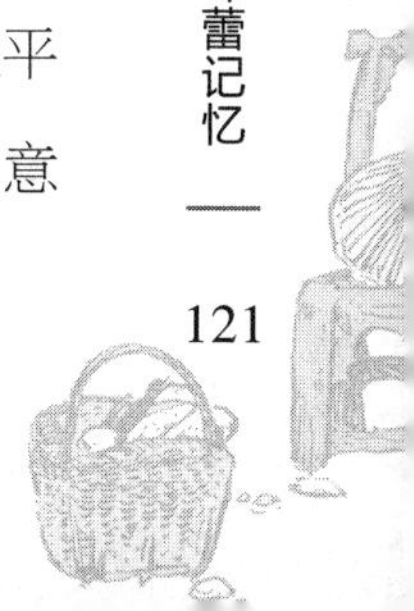

思是人心要诚实，才能得到信任；火心要架空，才能烧出旺火。

和高压锅、电饭煲以及气灶相比，土灶煮出的饭菜，似乎更有烟火味。放学后，看着围墙外升腾起的烟雾，不禁让人倍感满足。肚里饿得咕咕叫，柴火灶前雾气绕，生米用河水煮得半生半熟时，反复翻动使之受热均匀，拿锅铲或不锈钢瓢舀出米汤，将原本散作一团的米饭从外向内码堆并铲成圆锥形，上锅盖焖十多分钟。饭熟后，细细铲去上层松软白皙的米饭，留下一层指甲盖厚的锅巴，需要即时盛出趁热吃，此时焦香四溢，“有牙佬”酒杯一端，只听得后生伢子咬得噼啪作响，好生羡慕。年少时的我，喜欢将金黄透亮的锅巴舒展开，对着老式白炽灯照一照，再包些芥菜、辣椒萝卜，放在手心捏成一团，塞入口中，香辣咸甜味在口中“爆开”，那种美味，岂是日式饭团能媲美的？

老人则有他的吃法。将温热的米汤倒入锅里，边倒边用锅铲捣碎锅巴，在灶膛里余温的嘟嘟声中，两者相互依偎交融，用锅铲顺时针轻碾慢磨，十多分钟后，一碗芳香烫嘴的柴火锅巴粥就出锅了，拿洋姜片、酱萝卜条和酸菜、腐乳一起，都是顶级的“粥搭子”。锅巴粥中纤维素含量高，可调节肠道功能和促进消化，有助于提高人体能量代谢水平，增强抵抗力，且低脂肪、低热量，适合老人食用。

此时，如果再从温热的灶灰下翻弄出几个红薯、玉米或饭米团子之类，拍掉表层的草木灰，再用干毛巾轻轻一抹，那一定是乡村豪华版的烧烤。

遗憾的是，这些至简珍馐，那时候的人和现在的人，懂得品味和享受的并不多。

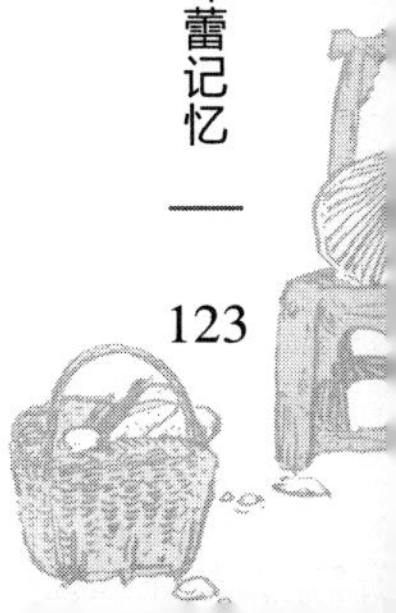

咕嘟声中情意浓

自诩为洞庭湖之子，这么多年没能成为浪里白条，却被浊浪打在沙滩上。何以解忧？唯有围炉小钵。寒冷时节，从锅里取些七荤八素的卤味好生改刀，放干指天椒和大蒜叶快炒，起炭火上瓦钵慢煨，人生一大快意事，莫过于抛开尘嚣和琐事，在咕嘟声中叙几分旧情。

有一年，友人相聚，报名者众。想来能把大家“串起来”的，无非是乡音和乡味。几位老饕抛出馋嘴话题，调侃当日菜品须有华容头菜、银鱼蛋皮汤、蒸蛋饺和卤菜，否则聚而无味。你我都是在都市森林讨生活的人，一时间到哪去寻这乡愁，真是愁煞人。

作为公认的“吃货”，这个任务只好由我认领。一次偶然的机会，在开福区洪山路一家夫妻“宝藏小店”小聚，竟吃得拍案叫绝。原来，两口子是正宗故乡人，多年来定期从老家淘些土货进城，专营土鸭等特色菜。不仅如此，他们还规定食客需订餐预约，以至于常有食客“空降”时，坐等半个小时见还没上菜，丢下碗筷忍不住骂人，掌柜的却丢来一句：土鸡还在高压锅里。等到聚会当天，我嘱咐乡友精心卤制的猪头肉刚上桌不久即被席卷一空，并引来全场大呼：“到穴位，有小时候的味！”

繁华都市，吃食众多。窃以为，能够懂得美食、用心吃饭，即是一种坚守本心、享受生活的姿态。要说家乡的卤菜，仿佛啥都能卤，既有就地取材的鸡蛋、千张、豆腐和莲藕等，也有少吃多得味，饱含养生哲学的荤菜，猪肠、猪舌、猪肝等“下水”，一口大铁锅架在蜂窝煤炉上，咕嘟咕嘟地煮，喝早酒的人在门口笔画几下，主家便用漏勺捞起，麻溜斜切几刀，再淋些生抽、剁椒、麻油等浓酱汁水，无事做的爹爹拿起酒盅慢慢喝，嘴巴吧唧吧唧，可边吃边聊几个小时。花上几十块钱就可请一桌子客，体面而氛围感拉满，好不热闹。

我从小由外婆带大，家教极严，少有上街吃早餐的奢侈记忆。反而是临过年那几天，可韵几分美食制作者的味。大人望种田，伢儿望过年。准备年菜时，我和表哥表姐就成了专业打下手的。大家齐齐动手，末了大多揣着满手油荤跑开，那个年代有的是细心和耐心，有人负责发煤炉，有人负责刷锅，鸡脚、猪头皮等洗净放在竹筲箕晾干，皮

糙肉厚的莲藕则需用碎瓷片刮去表皮。我想，那一定是时光匆匆的最好见证。

放些什么卤药呢？讲究的农村厨子，会买来卤料用布包好，拆开来无非是丁香、肉豆蔻、黄栀子、草果、香果、香茅、白芷、良姜之类，拢共有数十种，口味全凭老师傅拿捏。也有大道至简者，先放八角、桂皮、生姜三样，再搁几勺农家豌豆酱上色，用煤炉慢煨数小时，待油脂悉数逼出时，卤香味可勾起馋虫。“三九天”的卤菜可不进冰箱，只摆放在通风且猫鼠不易“打捞”处，家里来客随切随蒸或猛火爆炒。颇有意味的是，在大年三十的团年宴上，鸡爪会成为最尊贵的吃食，家中长辈会把这味“抓钱手”夹给家中劳力，以期新的一年赚钱赚得“手抽筋”。

如今，很多朋友总感叹“鱼没鱼味，肉没肉味”，我想，一定是“人要有人味儿”，只有守住本心、矢志不渝、诚诚恳恳，“大我”才会因“小我”而越来越美好！

氤氲此间蛋饺子

新年刚过，栖居的人上紧了弦，似乎忘了天气和时节，忙碌却也裹挟着沉沉脚步，如断根浮萍般终日离索。远行的人，在等炊烟升起和竹鞭爆裂的声响，那火堆里煨着马蹄和糍粑，似在寻觅旧年与新年交错处的轨迹。

竹篾、木炭和泡沫作伴，忙趁东风发煤炉。铁钳夹上藕煤，只等发出噼里啪啦的声响，岁月深处的仪式感便登场了。对于湘北地区的华容人来讲，除开卤蛋、荷包蛋、蒸蛋等烹饪方法外，一味金黄透亮的蛋饺子，是新年餐桌上必不可少的十二道团年菜之一，大人小孩都恋其口感。

清代《调鼎集》记载："蛋汁入大盆，加白面少许打匀，热锅摊小圆饼，裹各种馅。"蛋饺子，即是用烫熟后的土鸡蛋液做皮，包裹肉馅等做成的饺子。蛋饺子颜色金黄，形状像七月未满的月亮，寓意家庭团聚和幸福祥和。

农家自然环境中生长的散养鸡，生的蛋一般称为土鸡蛋。早上，将鸡笼门上方竖插的木板提起，土鸡叽叽喳喳

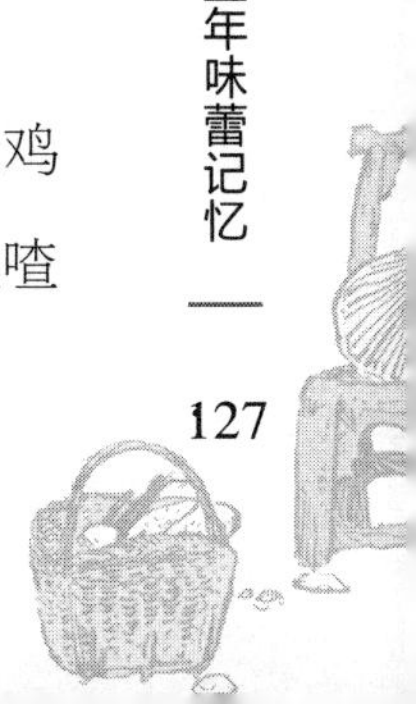

而出，一日三餐以水稻、小麦、菜叶等为主食，白天以走地的形式在塘边、林间寻虫觅食，或啄食刨食浮萍、菱角叶等吃食，下雨时则在屋檐底下小憩。它们的天敌是鸡瘟和黄鼠狼，所以要获得一枚土鸡蛋，显得更艰难和珍贵。

早春，棉花田。很容易看见鸭子和鹅在外“野”蛋。鸡蛋则不同，炎热天气时，一天可捡得十多个；天气冷时，鸡运动量减少、食量亦大减，产蛋量则更少。从“脾气”来看，鸡很恋家和“专一”，无论是放了空蛋壳做引蛋的鸡笼里，还是垫了枯草的柴垛中，它们一律欢喜地唱着乡村民谣，大伙齐努力，生出颜色各异的蛋。这种体验，岂是那些“四体不勤，五谷不分”的伢儿能够轻易懂的？

蛋饺子如何得来？拿一块肉皮或肥肉在加热后的平底锅中轻拭，再以洗净晾干的如成人手掌般大小的蚌壳为器具，将打散的鸡蛋液从盆中舀出，右手边倾斜边顺时针画圆，使蛋液均匀地流铺在锅底，待稍有凝固后放入肉馅，再迅速用筷子夹住一侧翻过来盖住另一侧，趁蛋液还未完全凝固时，对折压紧压实，一个月亮形饺子就成型了。需要注意的是，包蛋饺子是一门细致活，火太大蛋皮易起煳锅巴，火太小鸡蛋皮则难成型，制作时要眼疾手快，否则会导致蛋皮破损，毫无看相。

由于是外熟里生的半成品菜，蛋饺子在食用前，要用蒸笼蒸熟或下猪油盖锅盖同煮，等内里熟透后才能享用。值得一提的是，使用的肉馅须是新鲜猪五花肉或猪前后腿肉，手工剁制后，放入姜末、盐、葱花、豌豆酱拌匀入味，懂得赏味的主家，亦可适当放些荸荠肉或碎莲藕，能够去掉猪肉的油腻，吃起来脆爽可口。每逢过年时节，母亲都会一次性多做一些，摊凉后用保鲜袋分装好，放入冰箱冰冻保存，家里来客或下火锅时就手可取，简单至极。

如今，我们被繁忙的日常和都市丛林中的羁绊牵扯，偶尔想起大道至简的生活方式，总让人怀念和感念旧时光。你看，那间泥土和稻草糊就的厨房里，煤炉上的高压锅冒着热气，铁锅里煮着喷香的柴火饭，灶灰里煨着小红薯，炊烟中，氤氲着小人物对美好的执念。

而我，只想和久别重逢的长者一起，兴致勃勃地烤火、端碗、吃饭，一钵腊肉煮豆腐火锅，一碗清蒸蛋饺子，此间，甚好。

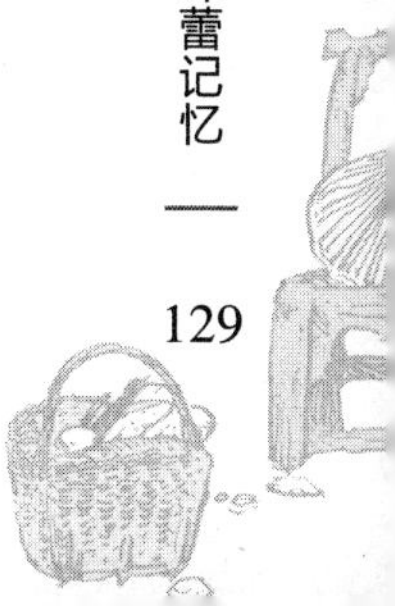

正月里来团子香

才道旧年去，转眼春山在。农历正月期间，全国各地家家户户张灯燃炮吃汤圆，以示团圆之意。在我的家乡华容县塔市驿，更是仪式感满满，一家老小短暂地丢掉繁缛的工作，忙前忙后碾稻米、切馅料、发灶火，围炉齐包黏米团子，表达着游子对故园、故土、故乡的感情牵绊。

所谓黏米团子，即以农家自种的早稻米（一般用黏米）为原材料，包入馅料制作出的一种湘北美食。馅料是团子的灵魂，需选用农家腊肉或风吹肉、盐豆腐干、酱萝卜、胡萝卜为主料，剁辣椒、白辣椒、豆瓣酱、新鲜大蒜、生姜为辅料，将主料改刀切丁，将腊肉油逼出，炒出精腊肉的香味，再加入其他佐料，中途不需放盐，炒出食材的本味就可备用了。说到团子，就不得不讲一个故事，传说关羽当年带校兵在华容道埋伏的几天，全靠当地送的团子御寒，士兵们每天吃"火煨团子"，这才有气力打仗。只是不知，那时的黏米团子里，放的是哪一味馅料。

制作前，用米升子量适量米提前一夜泡发，再放在竹簸箕里吹干水汽。旧时，许多家庭有手推式石碾子，劳力推碾，妇女将稻米掭进碾眼，将完整的米碾成均匀的碎米粒，如此反复。时代变迁，技术革新，石碾被电动打浆磨粉机代替，各家各户一律会带半成品稻米到打豆腐的小店加工，不到十分钟时间，颗粒分明的米粒就变为了粉末状。

半锅江水烧开，一人手捧盛满米粉的铁盆，慢慢朝锅里倾洒，一人手持锅铲顺时针搅动，使两者相互交融。此时，灶膛内火不宜太大，火旺易使米粉起锅巴变煳；火亦不可太小，火力不足，米粉易现夹生，那就得不偿失了。几人默契配合，米粉“喝饱”了水，从干巴变为温润，将其从锅中盛至不锈钢大盆中，接下来就是最考验人的环节：揉搓米粉。趁热将米粉反复揉搓，目的是让松散的米粉逐渐成团，吃时口感更加细腻。米粉上下左右“打翻身”时，部分粉团会粘在皮肤上，不仅搓团不便，且易烫伤起泡，所以一旁还需放一碗凉水，感觉烫时立刻在冷水中打个转身，再趁热揉搓，如此反复十分钟，待到米粉成团、黏合即可。

米粉成团后，揪下一小坨放在手心，心灵手巧的女子

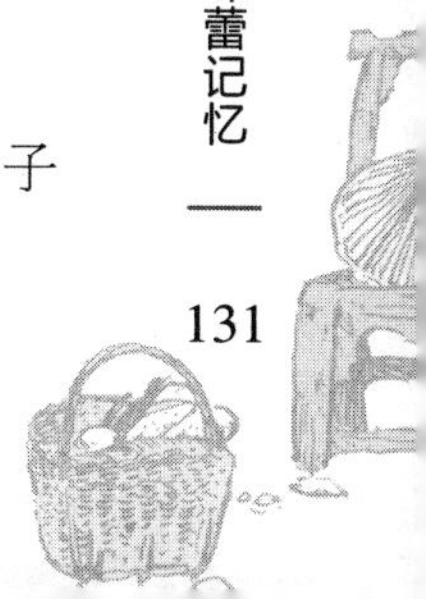

左手缓慢转圈，纤细的右拇指朝里捏，一是要使米团由厚变薄，留出装馅料的足够空间，二是要把“米窝”打深，使团子看上去圆鼓有肚，有看相又有卖相。这时，用调羹放入提前炒好的馅料，再慢慢旋转团子，使口子收缩变小，收口后，在双手掌心快速揉搓，使表面光滑，一个个白嫩圆的团子就包好了。

团子做好后，二十个为一格，密密地进甑开蒸，蒸的时间要控制好，长则炸口开裂，短则夹生难咽。根据以往经验，锅中水开上汽大概十五分钟，米香味充盈厨房，团子就熟透了。开盖即食，白雾氤氲香气直入人心，白净圆胖的团子馋得人口水直流，调皮的孩儿想就手吃“抢新”，却被大人的筷子和热浪逼退。挨个捡出团子后，首先趁热送几个给行动不便的长辈吃，然后再端碗给隔壁左右送些，冷却后用塑料袋封装进冰箱冷冻，可吃得半月之久。

而真正懂得赏味的成年人，不会趁热当场吃团子，只等第二天红油和咸味渗到米团，咸淡相交融时，这才开始认真赏味。对我们这类吃货而言，往往是守在柴灶边，待灶火初熄，将团子埋在热草木灰下，二十分钟后，一个个外表金黄焦脆、内里热气腾腾的团子就出炉了。另外，家中团子偶有吃不完的，勤劳的主家会赶早到集镇叫卖，价格为2至4元每个不等。对于街上的陌生人来说，这家的团子馅料多不多、那家的团子口感好不好，那全靠“开盲盒”了。

余久居闹市，常忆团子香。我常想，团子除了有合家团圆、圆滑处世之意，大概也蕴含长辈对晚辈们的殷殷教诲吧。

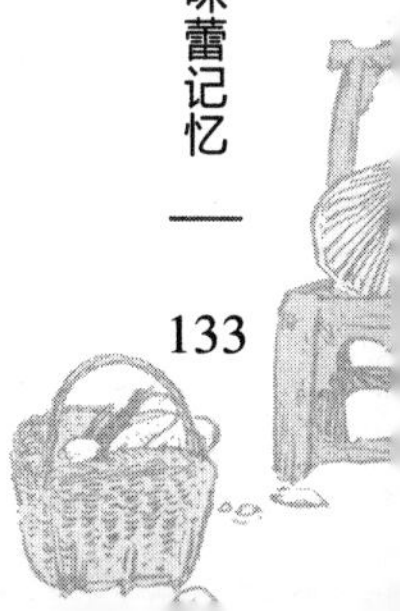

最忆湘北腊肉绝

如果你要问我，湘北腊肉和湘西腊肉有什么区别，我一定会骄傲地告诉你：不管是湘东湘西湘南湘北，最具特色的是华容的大蒜炒腊肉，一定会让你大呼独特，舍不得放筷子。

有年深秋，我回岳阳华容县省亲，山上，金橘子和酸柑子黄得耀眼，山下，木脚盆和厚砧板老得斑驳，伯母操起两把菜刀左右开弓，盆里是才从地里扯回的红薯藤，简单冲洗后，就被她切得糜碎糜碎，叶子藤蔓青红交杂，溢出奶白色新鲜汁液。

它们哪里能想到，最后要将变成大笨猪的肥膘猪肉。

猪不择食，对五谷杂粮尤其喜爱，煮熟的冬瓜、切碎的红薯、煨熟的南瓜，以及其他残羹剩水等，都可让它自然长膘。吃谷物和素食，长出来的却是肉，猪的蜕变需要沉淀整整一年时间。谁都知道，吃潲水长大的猪，那个肉才香。

腊月杀猪，不沾生水，改刀成均匀的长条，用粗盐揉搓后放进陶缸码好，其间翻缸几次，7天后，将肉取出挂在厨房，让炊烟和时间去慢熏。

二十多年前的湘北山区农村，厨房多为土砖房，大灶是用黄泥和稻草搅拌后糊就的，上置铁锅、铁甕用来煮柴火锅巴饭。同时还有个小灶，则由旧轮箍、旧铁锅、生铁三脚架组成，小炒专用，薪柴是竹片、樟树、松柏枝等，燃烧时带有树木香。烟雾缭绕直往上弥漫，腊肉一天天逐渐黝黑深郁，香味浓聚。

华容县是典型的湖区大县，居民多靠山吃山靠水吃水。我老家东山镇多山丘和田亩，农民多以种植水稻、南瓜和棉花为生。那个年代，每家每户喂养几头猪，能给家里带来一笔不菲的收入呢。

湖区人喜欢早上5点多起床煮饭炒菜，吃饱喝足，下田做事。早春，冷得人直打哆嗦，除开坛里的酱菜外，集市上几乎很难看到当季时令蔬菜。走进勤劳农民的菜园子，也只能看到少量的莴笋、韭菜、白萝卜和大蒜叶……

任何时候，腊肉都是人们犒劳自己的最好的下饭菜。随时去菜园子扯几把大蒜叶做“菜搭子”，以茶陵品种的青苗为最佳。另外，把大蒜须洗净，用开水浸泡，再放剁椒、

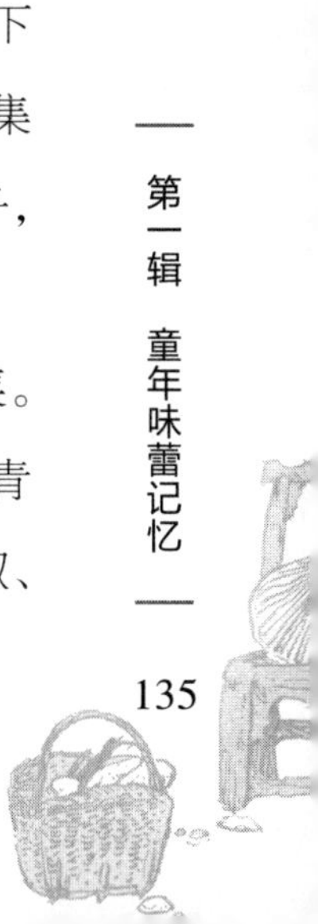

生抽和麻油同拌，更是下饭的“神器”。

上灶，将提前一晚泡好的腊肉改刀成薄片。“腊肉配大蒜，香味添一半”，把大蒜梗子轻拍，切成齐整的斜刀，再下少量菜籽油煸炒带皮的肥肉部分，油脂爆出后，加少量坛子豌豆酱或酱豆豉，酱香味飘散出后，将腊精肉放入锅中快手翻飞同炒，待即将出锅之时，再下入一大捧大蒜叶，叮铃哐啷几下就盛出了，不需放酱油和味精，吃的就是土猪和土蒜的“土味”。

用豌豆酱炒制的大蒜腊肉，有区别于其他地方炒腊肉的独特美味，岳阳独有，华容更绝。

等到菜熟饭熟之时，大蒜叶炒腊肉的香味，也从小厨房弥散到了卧室里，我们这些睡懒觉的后生伢子，往往趁着上小厕的间隙，迷瞪眯眼夹一两坨先尝为快，又赶快溜回被窝里做梦。

值得一提的是，农村人家干农活出汗多，需要提前补充盐分，勤快想事的主家为了好省快便，一般还会开个酸芥菜鸡蛋汤，再配上一碟剁椒洋姜、辣椒萝卜，再扯一把青菜炒了，搭配大蒜炒腊肉，可以吃得三碗饭。

正是早春时，城里套路深，不如回乡下，土灶腊味浓。

只取萝卜爽脆甜

久在樊笼，饮食无味。

最忆，清苦的从前和日子。一摞旧瓷碗，几双竹筷子，碗里扒拉着些坛子菜，围着杂树蔸烤火，在忽闪又暗的炭火上置一铁钳，将酸柑甜橙、糯米糍粑等罗列其上。人似乎在卑微中愈发洞见自我，等待的是灶灰给予的温暖和眷顾。

如何让生活回归朴素？我的父亲久居长沙，勤劳的基因仿佛也印刻在骨子里。他从某宝买来小包萝卜籽，利用闲暇时间，松土开沟起垄，萝卜一茬茬冒尖，青绿色叶子迎风起舞，煞是喜人。为了照看好这些菜蔬，父亲干脆睡在不远处的简易工棚，与这些经历日晒夜露的生灵为伍，轻易不肯休憩。

父亲有天回家吃晚饭，饮酒数杯后倒床便睡。第二天回家，黑着脸边走边叹：种点萝卜菜，就怕人惦记。原来，等他忙完后下田摘菜才发现，绿意盎然的菜地只留下一些

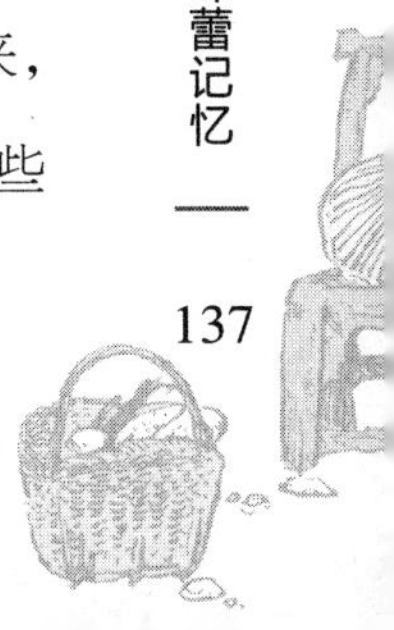

坑洞，掐着指头数了数，拢共40多根白萝卜，一夜之间竟被人顺走30根，只剩10来根歪扭不一的“残次品”在风中凌乱。

冬吃萝卜夏吃姜，冇得萝卜有点慌。父亲火气旺，连根带叶将“幼年”的萝卜头带回。它们有成人手臂粗细，长10多厘米，湘北人对待它们有极好的侍弄之法。将白萝卜洗净吹干水汽，斜刀横切成厚薄均匀的片状，再将萝卜片竖划成梳子形，随后，将皮肉相连的萝卜挨个用衣架晾好，在太阳和凉风的双重加持下，萝卜干瘪起皱。吃时，用温水泡发阳干略黄的萝卜，再用手拧干水分，依次加入盐、白糖、坛子剁椒、生抽，在不沾水的盆里搅拌入味，可淋土麻油现吃，也可进坛子过个把星期再赏味。可惜，这时的剁椒萝卜未历严寒和冬霜，仍留有一丝冲味和辣味，挑剔的食客夹一筷子就吃得出。

有了田野的教训，父亲又种了一茬红萝卜。还没等它长大，父亲就扯了些萝卜秧子回来，说是人工疏菜，可利萝卜“长个子”。母亲把萝卜秧用水冲净吹干，放在砧板上撒一撮盐，然后用双手使劲揉搓，待绿色汁水揉出时，可闻到呛鼻的冲味和辣味，这时，用刀将叶子连同鸡蛋大小的圆红萝卜切小斩丁，用手在盆内抓捏一番，最后将其进坛子隔水密封半月，吃时抓出几把用猪油清炒，放大蒜碎和辣椒末，一碗酸脆爽口的揉萝卜菜就可出锅上桌了。有次在长沙县一土菜馆夜宴，酒过三巡后，大肚厨师跑到我们跟前，建议再上一个神秘的新菜，几分钟后，一碟热气直冒的揉萝卜菜丁煎蛋就上桌了，土鸡蛋的香、坛子菜的酸，以及恰到好处的咸鲜，让大家吃得“脑壳甩脱”。席间，更有好吃者抡锅上阵，就手敲几个土鸡蛋打散，再抓一捧酸揉萝卜菜与剩饭同炒，馋得大家口水直流。

在湘北农村，农家喜自留蔬果种子，比如长芽苗的芋头、晒干的香瓜籽、圆形的萝卜籽，通常用旧报纸或玻璃罐、坛坛钵钵包好、装好，密闭在堂屋的壁柜或避光角落，春天过后，再重新释放蛰伏的力量。譬如萝卜，农家自留种一般分为红皮白肉圆萝卜、红皮白肉长萝卜以及白皮白肉长萝卜，这几年，市面上有了绿皮红肉“心里美”萝卜，以及象棋大小的樱桃萝卜。不超过手掌的嫩萝卜苗，焯水凉拌吃；圆萝卜剖开切块，适合做泡萝卜吃；绿萝卜用盐“杀水”，放白糖、生抽和蒜瓣，是下酒佐粥的好物。可以说，即便是最简单的食物，其产地和大小不一，烹饪方式不一，口感也不尽相同，但只要在合适的时间遇见，一切都刚刚好……

有一年冰灾，人和车基本出不得门，物资也极度匮乏，一连半个月都是吃萝卜白菜。夜里，大雪和冰凌给菜园“盖被子”。第二天一早，我们穿套鞋拿铁锹去菜地挖萝卜，脚踩在雪地咯噔作响，掀开表面的雪层才发现，土层以上的萝卜和红白菜薹全被冻熟冻透，轻轻一掰就断，洗净一顿乱炒，可尝出大自然“小清新”的甜。几人合力挖开冻土，将几十厘米长的白萝卜连叶拔起，切片切丝煮鱼头鱼杂，或用腊肉、风吹肉猛煮热炖，都是人间至味。

窃以为，最经典的吃法，当数华容的酱萝卜。整颗的红樱桃萝卜，取几十斤放进陶缸，搁盐后用手拌匀，自然析出部分水分后，将萝卜装进蛇皮袋置于石块上，袋上重压石头榨出剩余水分，风吹日晒几天后取出时，萝卜已变成淡红色，将它们依次摆放在芦席上（将成熟的芦苇砍断后，用枯草和藤蔓捆扎好，用特制针线绑扎成芦床，摊铺开后就是芦席，可用来晾晒干货），历经日晒夜露，萝卜由湿变干，颜色也变为暗黑色，带有独特的酱香味，进坛子分装保存至少可赏味半年，吃前用淘米水或冷水泡二十分钟，泡发太久则不脆，时间太短则太咸。改刀成麻将块或长条丝状，用菜籽油、大蒜叶同炒，可谓下饭“神器”。记得小时候，男女同学们打开书包，冷不丁就掏出一个玻璃罐子，里面是农家自制的坛子洋姜、酱萝卜、水盐菜、盐豌豆或煎剁鱼块，酱萝卜则成了大家课间饭后的零食，爽脆弹牙，略带回甘，在微波炉没有普及的年代，靠着米饭的余温，可以连吃好几天。

久不出游，却不得不念及从前。想起在广东遇到的普宁老饕，会拿几勺普宁豆酱清蒸巴浪鱼，也有好吃者，用老菜脯丁水煮巴浪鱼或熬白米粥，好不自在。

春天就要来了！那时萝卜花开，阳光灿烂。

剁肉丸的时光

那些年，在以汤水闻名的广东，我的舌头曾穿越大街小巷，搅啜过几多令人冒汗醒脑的汤水，然却始终认为，唯有儿时那一碗手剁肉丸汤，饮之，方能纾心头之念、解思乡之渴。这是一个远行异乡的游子，对故土的眷念。

幼时物资匮乏，我和老表都由外婆带大。学校常布置户外勤工俭学作业。我们在白杨林下捡枯枝，一捆捆地扎齐绑紧，再用板车送到学校食堂登记。天晴时学着大人模样，到已收割完的水稻田里，捡农人忙碌散落的稻穗。

进校读书和下田劳作，一个是脑力活，一个是体力活。青年人正是长身体的好时候，每周六的早上，外婆都会清早上菜市场，杀猪佬面前的肉还冒着热气，外婆里手地拿起一根筒子骨，再称斤把五花肉回家。农家土猪肥多精少，外婆却有“伺候”它的好法子，足以让我们大快朵颐。

外婆掌勺炒菜，表哥引柴烧火，我则负责剁肉。土猪肉有一层厚油膘，用手捏紧时略滑。砖混结构的旧水泥台上，木砧板厚重如鼓，敲上去发出沉闷声响，摇井水把肉洗净，刀切薄片，复切成丝，后切肉丁……可别小看剁肉这个步骤，简单却又极需耐心。如剁得不均匀，吃时会有筋膜，甚至吃出肥肉之类，对我这类瘦肉偏好者来说，无异于大煞风景。拿起双刀左右开弓，紧接着一顿横斩竖剁，打个翻身继续剁，将肉的肌理和纹路“拦腰”搅散，其间，还要放小黄姜、盐，以及农家自制老坛豌豆酱等，十多分钟后，待肉的原味和酱香相交融，瘦肉上劲之时，一份肉糜就做好了。而和手剁肉丸有异曲同工之妙的，当数福建“肉燕”。厨师取猪腿瘦肉用木棒打成泥，掺番薯粉擀成纸片般薄，包上肉馅煮熟即可食用。

要让肉完成整体形态的变化，至少需耗费十多分钟。那时，对于躁动不安的我来说，却是漫长又难熬，考验的是耐心和细心。想起剁肉时的我，经常是从原木窗柱往外看，眼前是舅舅年幼时栽的长满刺的剑麻，每过几年，它们就会在深夜里滋长，长出串如百合般的花骨朵。花儿都开好了，明年亦如此……人还有再少年吗？有时，我会一个人发呆，或关注土砖墙上打洞的野蜜蜂，他们发出嗡嗡的声响，声音微弱却自在。好似在劝告世俗之人，莫为鸡毛蒜皮小事费力劳神。

柴火灶烧得旺，铁锅中放熟猪油，加入一瓢长江水，烧开的水花会将表面的一层油自然漾开，用手或筷子将肉泥分成玻璃珠大小，形制、大小不一也无妨，肉遇水变红泛白膨胀成型，随着水的翻滚起伏落定，浮浮沉沉。盖锅盖，肉会越煮越蓬松入味，起锅时，往汤水里加些陈醋、盐和葱花就可以了。

我喜欢在安静的午后，捧起一个缺角瓷碗，盛几瓢肉丸汤水，品尝“少吃多得味”的自然鲜香，随便就咽得三碗饭。现在想来，剁肉丸的时光是宝贵的，也只有慢工才能出细活，出好活。而这种反复折腾，却又像极了平凡人的生活，过程艰辛悲苦，结局心满意足。

然而，在长沙的美食江湖，不管是社区小店，还是私房菜馆，我能吃到的肉丸汤，基本上是汽锅蒸的。肉泥统一用机器搅拌，往往肥肉居多，咬上去肉质松散，且汤水上漂着一层油花，喝来不甚爽口。唯一的特点，只是上菜极快，只有手工肉丸之形却无其神。

久在油荤间，最念春之味。不疾不徐，且缓缓而归，或许只有在故乡，方能找寻最真的感动和味道。

芦麦酱：“喝早酒”最爱的下酒菜

我的家在湘北，长江边上。岳阳华容县塔市驿，和长江主河道直线距离不到百米，一个和湖北省监利市隔江相望的码头小镇，镇上小店、地摊云集。一大早，沿街店家扯起油布支起凉棚，推出几张带滑轮的玻璃柜，摆满烟酒等南货，一旁的盆盆钵钵里，是酱刀豆、蓑衣萝卜等酱食。端杯散忧愁，放杯耕田去。和别处夜宴饮酒不同，岳阳华容人喜清早在路边、桥头小店喝酒。菜品既有华容团子，也有蒸菜、炒菜和卤豆腐等小食。当然“喝早酒”者最爱的下酒菜，就是各种酱菜，而我对芦麦酱最情有独钟。

原料是麦子中的一种没被驯化的“败草”

人人都讲家乡好，窃以为江中杂鱼、田中棉花、塘里藕尖、钵中麦酱即是正宗华容特产。一瓢麦酱勾人味蕾，它是家乡小镇的独有风情，也是我心头的“古早味”。据老人们讲，华容人吃芦麦酱的历史，至少可追溯到二十世纪

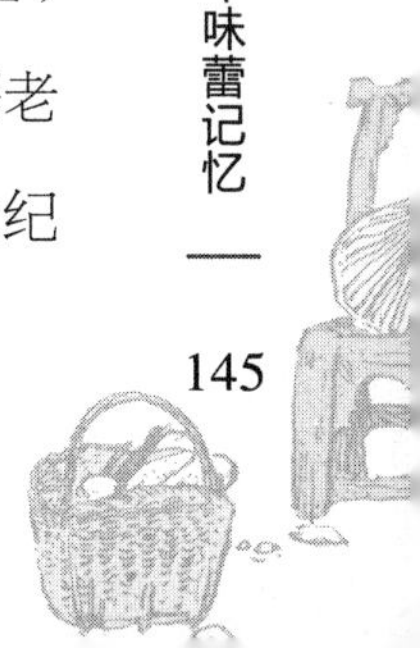

六十年代。当时，作为乡镇小企业代表之一的塔市驿酱食厂，买酱缸雇工人制作甜酱、豌豆酱、辣椒酱，以及酱黄瓜、酱萝卜、酱辣椒、酱豆豉等。偌大的大院里，摆满了等待太阳洗礼的酱缸，批发的贩子拖着板车十里八乡销卖，销路不愁。

麦子呢，则分为小麦、大麦、燕麦、藜麦、芦麦等。何为芦麦？我的妈妈王艳华说：这是麦子中的一种没被驯化的“败草”，籽籽呈淡黄色，肉眼看来比瓜子仁略大，生吃有甜味，之前是寻常农家自种自足的一种粗粮，口感不好上不得桌面，因产量不高，一般不大规模种植。如今，滚滚麦浪早已被南瓜地、棉花田和芝麻地取代，只有走家串户，才能在年长的老农手中求购来这一味老食材，寻得最接近古早的味道。

炎炎夏日，是外婆汪春珍手制芦麦酱的好时节。提着胶桶上街，用每斤1块钱至2块钱不等的价格，用瓜瓢从蛇皮袋里掳出十多斤晒干去杂的芦麦，回家用竹筛细细筛选掉霉烂、干瘪的麦粒，用长江水泡涨泡发两天，沥干水分倒入铺了纱布的竹蒸笼，蒸熟蒸透后迅速倒入圆簸箕内，用手或筷子扒开，自然摊凉待用。

制作芦麦酱用黄蒿做“被”，更添芳香

制作芦麦酱，最关键的一步是为它盖上一层“被子”。六月天气，房前屋后的田埂边、禾场旁，长满了一味其貌不扬的中草药黄蒿。黄蒿又称猪毛蒿，属被子植物门、双子叶植物纲，是一种多年生草本或近一二年生草本植物，有特殊气味，茎直立，高40—90厘米，全株可提取芳香油。拿镰刀从根部齐齐割下几十根黄蒿，不晒不洗，抖去灰尘后直接盖在摊凉的麦子上。把麦子盖紧捂好，再用罩子布蒙上，放在房间自然发酵两三天，麦子从干燥变得湿润，再到长出白色毛毛。小时候我们闯进房里，很容易就能闻到芳香味道，隐隐还有一股酒香。话说回来，如果不按照规矩来，在秋季等反季节做麦酱，黄蒿已枯萎过季，亦可用新鲜桑树枝代替。

制作麦酱全凭经验和感觉。为了防止麦酱“上火”发烧，有时要常常掀开罩子布，不能让汽水滴到麦子上。肉眼看罢，真正发酵熨帖的麦子要从里到外霉过芯，看上去长了铜绿色霉，这才是最好的。天气晴好，把发酵的麦子晒干，再挑到豆腐佬的铺子里，用打浆机“咚咚咚”地磨成粉末（麦粉）。倒入脚盆，把老姜碎、桂皮、盐悉数倒

入，一些人家也会放些剁辣椒等，按照一斤麦子一斤盐的标准，在酱钵或者陶钵里用筷子拌匀。麦酱太淡了会酸，有时宁可咸一点。拌好后的麦酱盖上一块毛玻璃，放在禾场日晒夜露，也要时不时搅拌一下，待晒成红褐色或酱红色再进装酸菜的老坛，盖紧坛盖前要撒点细盐，盐化了就有水，这样就舀得上瓢子，有酱有汁。一般来说，如果天气和运气够好，一个月就能够吃到久违的手工麦酱。这种酱和酒有异曲同工之妙，只要保存得当，越久越香，口感如酒一样。

没有芦麦酱，红烧肉也寡然无味

芦麦酱，说白了就是一种天然的、原生态的农家酱油，一般不直接食用，却是烧菜的好佐料。家里来客做烧鸭子、炖土鸡子等大菜时，讲究的主家都要放几调羹麦酱，根本不用放鸡精味精提鲜。这种酱百人百味，味道因制作时的原材料、天气、手法、咸淡而异，但总绕不开鲜、香、纯几个字。做红烧肉时，把精搭肥的带皮腿肉切成麻将块大小，放两勺麦酱滚几滚上色入味，再下些生姜桂皮大蒜粒，土炉子上柴炭“嘟嘟嘟”，不急不躁煨个多小时，油脂逼出，酱香四溢。

肚里馋虫也爬出来了！有时我在长沙一些网红饭店吃

饭，或开火下厨掂勺时，总感叹红烧肉寡然无味，不知是江湖百味吃得多口味变了，还是我的胃变刁了。于是，每次回家我都要起早赶集，从肉铺选几斤上好猪肉，然后跑到外婆的厨房里，翻坛倒罐地舀出一些芦麦酱和酱菜。我天真地以为，自己拖箱带菜、扭头一转，就能把这一瓢抚慰异乡人心灵的麦酱，捎到都市森林“生根发芽”。

唯独一次，在开福区一农安小区无名小店偶遇一钵“钱粮湖土鸭”，初看貌不惊人，吃罢顿觉鸭肉弹牙、酱香浓郁，对对对，就是那个味。过细问才知道，店家原来和我是同乡，食客所吃的肉、菜等，每天都“搭乘”长途客车来，其中自然也少不了那一瓢黢黑的麦酱。以至于有时在外宴宾饱腹，我都想削尖脑壳去那家上菜甚慢的店里，悠悠然地啃啃鸭脖、喝些便宜谷酒，却生怕被外人误解，以为我有他家的股份。

当然，麦酱也是果蔬和素食爱好者的最爱。华容人喜吃坛子菜，很多东西都拿来酱，什么吃不完就酱什么！比如长豆角、刀豆、辣椒、菜瓜、苦瓜等，西瓜皮、黄瓜皮晒干也可以酱。农忙的午后，盛碗锅巴粥配酱菜嘎嘣脆，真是人生一大快意事。

离居故乡久，长住异乡苦。不如食麦酱，隔日好还乡。

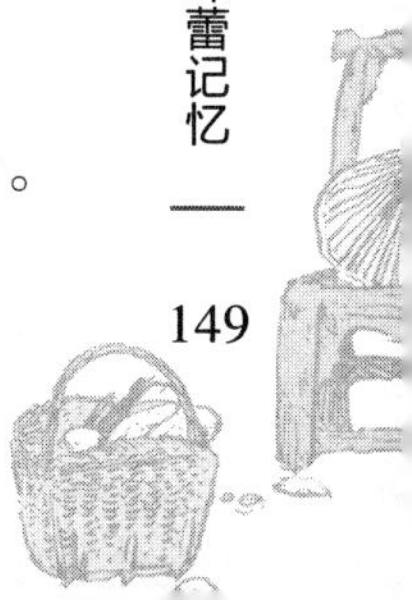

一碗汤里的江湖

冬瓜原盅炖汤、养生鸽子汤……汤水，似乎从来都是广东人的“专利”。于是，我也想像他们一般优雅：汤水小口酌，闲喝下午茶。然而，琐碎和忙碌却给了现实一击，想着正襟危坐将这汤缓缓喝下，却发现并非易事。

作为下厨爱好者，我每到一座陌生城市，必到当地菜市场游荡，而把当地的时令菜蔬，洗净切片后，拿来煨汤，也是一种体验风土人情的好方式。比如去日本，制作高汤的主要材料是昆布和鲣节，都是我们这里少见的食材。而讲起汤水，似乎潮湿弥漫、冷热不一的湘北地区并不重视，讲得出名号的汤水也少。即便有，也是食材简单、调料素朴，器具也不讲究，极少用砂锅或炖盅来煲。随口说出的都是些家常菜谱，如筒子骨海带汤、莲藕排骨汤、紫菜蛋汤。最为讲究的，唯有一道华容的银鱼蛋皮汤，猪油一小勺、二两生姜丝、二两蛋皮丝、一两五花肉丝，加大量醋同煮，极酸极鲜，发汗开胃。

细细想来，无论是何种环境，我们深陷其中时，都少有闲情顾及周围的风景，以及那一碗热气腾腾的汤水。面对眼前的人或事，我们已习惯于无视，其实一碗汤，也可问道其中。

要想认真喝汤，首先要学会煲汤。煲汤是一门大自然的哲学，一锅宽汤嘟嘟煮，天上飞的、地上爬的、水里游的，加上药食同源类食材，都可到旧陶瓷罐里“打捆”，炭火慢煨，让时间来萃取精华，不疾不徐。而对一个老饕而言，喝汤前更是有一种礼仪，即决不用筷子去搅汤，喝时用调羹溜着碗沿儿边舀边喝，小口细酌，无声响方显水平。“治大国若烹小鲜”，喝汤也是这样的道理。

儿时煲制最频繁的，是至简的筒子骨海带汤。把煤炉提到迎风口，将燃尽泛白的煤灰拨弄出，炉桶下方置干木柴、篾片，中间置木炭碎屑等，上放枯叶、塑料袋及泡沫，引燃后用蒲扇扇风引火，待火舌蹿出时，将煤球覆压其上，煨汤前的准备工作就完成了。

海带，无论是炖汤、凉拌，还是切丝炒制，风味都各不相同。从床底或碗柜底下拿出蛇皮袋，从中抽出两条捆绑整齐的薄海带，薄海带外形细长，质地柔软，口感爽滑，一般是长半米的阳干状，表层有白色颗粒状物质。将海带

置于不锈钢搪瓷盆，一人用手摇泵摇出冰凉的井水，一人手持长刷摆弄海带。年少的记忆里，海带用水浸泡二十分钟左右，需用手轻搓，将表层盐分或海沙等去除，这时，可看到海带表层的黄色锈状小孔，以及类似霉变的白色斑块。后来才知道，海带含有的甘露醇出水风干后，会附着在表面，看上去像一层白霜。而甘露醇就类似于天然白色果霜，有利尿和消肿作用。

此时，用刷子再刷拭第二遍，海带逐渐泛出原本色泽，这时不可再用力，否则海带破裂后，会有黏液溢出。反复清洗干净，切成块状或条状，下姜片、桂皮和斩断的筒子骨，上高压锅猛火转小火压四十五分钟，揭锅盖热气腾腾，汤也现出浓郁的奶白色，香味扑鼻，食之甘而不腻。

再说说湖藕汤。这是非常考验耐心的一种汤，其中蕴藏着待人接物的极致耐心和细心。十多岁时的我们，学着大人模样到池塘挖藕，发现藕桩后，常常是沿其生长方向，锹挖一截手抠一截，然后再将泥土铲去一截，然而这样就很容易挖坏藕身。有经验的大人，则会“开盲盒”，他们随意挖出几米见方的长坑，藕便已经自觉“入瓮”，双手轻取即可将藕托出。

深秋时节的藕，分为自生自灭的野藕和人工种植的家藕，切开为七孔或九孔不等，肉呈白色或嫩红色，挖出后用稻草擦净泥巴，再用破瓷碗边沿轻轻转圈，刮去莲藕表层的粗皮和斑锈，再改刀切成块，与猪头骨和桂皮同下，在煤炉上小火慢炖，如此操作，不知不觉就过去了个把小时……

你凝望汤时，汤也在凝视你。此刻，身边仿若无杂事，藕汤已现粉红色，油花微微荡漾开，这样不紧不慢的日子，真好。

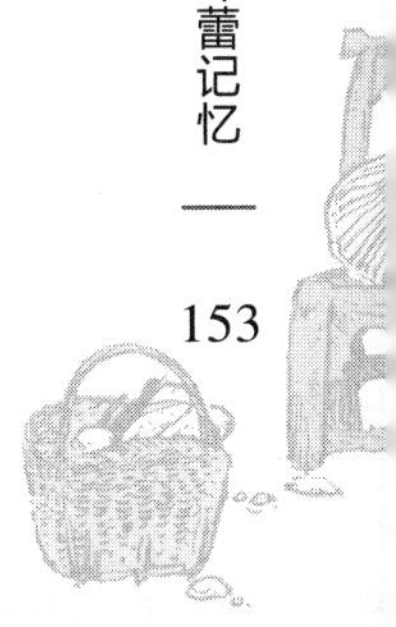

第二辑 他乡食趣小记

“湖南人，剁辣椒几乎是人手一瓶，走哪儿都带着。”异域美食就是如此，让你一心记挂，又让你被动接受。一日三餐，活在当下。珍惜眼前，感恩遇见。

清澈岁月炸酱面

湘人偏有北方胃，赶早吃面食，步子如梭镖般“出窍”。八分钟后，我会坐在那张方桌前雷急火急地加葱花、盖蛋、拌面，连汁带面勾走味蕾和肥舌的，是长沙开福区一个巷里的一碗炸酱面。在这家店吃了十多年，挚友忍不住问“到底是炸酱还是杂酱”。我竟一时语塞。

面馆有何物，食客竞相趋？窃以为，这里有长沙这座网红城市背后的烟火气和老手艺。我好久没来这间小店，没想到换了装潢，招牌换新、明码标价，新添了煮面炉和碗具，不变的是掌勺者，以及那份坚守的初心。十多年前，肉眼可见的是烟熏火燎的煤炉，一口旧铝锅和旧围兜“搭伙”，煮面师傅胡子拉碴，逢人就笑，望得人心里欢喜却又打鼓。这个眯眯眼手脚快的掌柜，等开水翻滚后，舞起近半米长的竹筷如蛟龙翻腾，让面条发软膨胀、由散到聚，再熨帖地叠放齐整。

你看，一瓢滚烫透鲜的码子上阵了，食客趁着热乎劲

拌匀，酱汁沾在每根面上，嗍面声此起彼伏，好不快意。和炸酱面一起的“饭搭子”，有兰花干子、凉面凉粉、当归蛋、虎皮香干、莲藕汤等古早味小吃，均为店家自制。令人欣喜的是，拌面吃的“搭码子”，譬如酸包菜碎、榨菜丝、紫油姜、酸豆角、剁辣椒和猪油渣，品类多且可随意免费添，让人幸福感满满。

掐指一算，我是在20多岁的年纪，遇上这家开了20多年的老店。小店其貌不扬，煮面下粉人年龄介乎50岁至70岁，传承的是老一辈的勤劳和手艺。君不见，掌勺的几个姊妹弟兄采取轮班制，熬夜的不做早班，早班的不熬夜，小店曾24小时不熄火、不打烊，是昔日老长沙人小麻将散后、围炉夜聊的“深夜食堂”。我来吃面通常是早上，煮面的“胡子哥”60多岁，常常忙到10点多才有时间吃一口粉；负责采买的“酒糊涂”，喜欢就着下饭菜抿几口白酒，小糊涂仙、仙潭酒和花生米等，往往到桌见底；忙前忙后的老板娘外号叫作“春豆皮”，极其健谈且热心，但我至今不明白这个外号的含义……

面吃得多了，我顺理成章成了半个“守艺人”。这碗老长沙的炸酱面里，究竟有何乾坤？入夜后，我和一老饕常骑电动车赶街串巷、钻山打洞去吃，新华楼、特色炸酱面馆、水风井削面……我们用嘴巴“走访”一些知名或未名店铺发现，熬制一碗炸酱面臊子，关键是要选好新鲜的猪前腿肉。至于炸酱面的辅料，有些店家放烟笋丁和香菇蒂，也有用纯肉糜的，调料则有八角、香叶等，不一而足。

《大中华京兆地理志》记载：“炸酱面，京兆各县富家多食之。”鉴于此，我也麻起胆子做一回“京兆人”，决定动手下厨房摸索。那些年，朋友餐馆入夜关板打烊后，我们备好的益阳阳罗面和修山面，以及四川的刀削面“闪亮登场”。主厨是我，主角是机搅的肉泥，滚油下肉酱，油脂在反复炸制中溢出，待肉粒均匀、芳香四溢之时，加入网购的干黄酱，再放泡发切末的香菇，以及八角、葱结等。最考验耐心的步骤，即是好吃者需一直守着锅子，一边用小火熬酱，一边翻动勺子以免煳锅。足足一个小时后，用筷子在酱中一戳一划，这时已油酱分离，现出油清酱浓、肥而不腻的状态。此时再用滚水煮面，捞出拌匀，再放些湘潭的卜蕹菜，真可谓一半烟火，一半清欢。

繁华散去的深夜，我常带着戚友亲朋到这家小店碰运气。如今，店家因年事已高不再通宵熬夜，即使是打烊了，看见我来了，也是淡淡地笑一笑，转身就用煤气灶单独烧水，煮一碗“光头筒子面”。我知道，那是清澈岁月从生命中流淌的痕迹，也是久别重逢后的“泪流满面”。

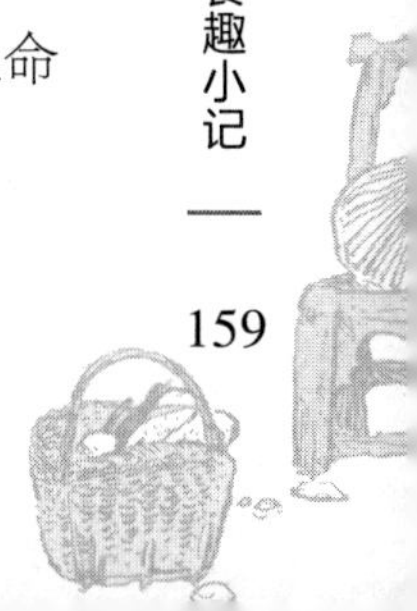

念念猪下水

湘人喜夜宴，在鼎沸人声中，听音可辨的是，蒸炸酱煮煎焖卤，柴米油盐酱醋茶，这就是生活本味。

我们常自嘲，在小县城混迹时喝的是散装米酒，吃的是烧烤、炸串等路边摊，日子却过得舒坦。这些年，舌头遍尝都市新街古巷的大小食肆，逛遍恋恋风尘，日子过得紧皱，唯悟得美食与生活不可辜负。比如，抢新的野藕尖、上水的麻嫩子和糯米茄，一日三餐，大道至简。然而，一处临街的无名食档，往往引得老饕们大呼：“猪下水中的天花板！”

去年，乡友华君提着红酒临时喊我吃猪下水时，是一个百无聊赖的周末。儿子在外地读书，老婆约了闺蜜搓麻将，夏热滋扰，身心疲软，不如吃个消夜抛却愁心事。我们落座时，店外四下无人，说是门店，还不如说是一处临时过道，一米宽、六米长的空间里，叠放有锅灶、餐具和烟火气。一旁的冷藏柜里，码放着卤好的猪心、鸭架和鸭肠等荤菜，华君熟稔得很，放下包、拿起夹子就点菜，猪肝、猪肚、猪喉管、猪尾巴、大肠和小肠，轮着点了个遍。猪心十五元一坨、肥肠十五元一截……店家当着顾客的面，一边数菜品报菜名一边报价格，顾客先买单后享用，满满一钵猪下水，总共才一百多元。街边车水马龙，大家不慌不忙、举筷而笑，足以过大口吃肉大口喝酒的瘾。

要说猪下水是哪些部位，在不同的地域饮食文化中，各有其评判标准。有人认为，猪身上除肉外的器官都在被抛弃之列，都应被倒入下水道；而在另外的人看来，猪下水是比肉更有嚼头和价值的附属品，比如猪肠、猪头肉。而在香港，一碗汁水丰盈的“杂碎面”，则是路边摊饮食文化的标志。

人和猪都有一副“皮囊”，人之可贵，大概在于有一个有趣的灵魂吧。有了第一次吃猪下水的经历，我和那些迷惘的落魄的创业失败的都市漂泊者们，几乎把这里当作“深夜食堂”。为防止“三高”缠身，大家会默契地从老式人力三轮车的泡沫盒里，夹起藕片、土豆、千张等素卤，再按量买单。如遇大佬请客，一席人则考虑荤素搭配或荤菜尽点。切菜间隙扯谈才得知，店家靠这些猪下水，供出了几个大学生。他们和屠宰场有约定，图的是薄利多销，过路客和周边百姓都吃得起。

一清早买回食材后洗净开卤，一直到下午四点多才卤制完成。随着生意越来越好，摆摊熬到夜半时分，加之每天早起进货，现卤现卖逐渐成为难事，店家遂改为事先卤、隔天卖，但猪下水永远是新鲜货。手起刀落、叮叮哐哐，卤制品被切片斩件成段，油热爆香大蒜和干辣椒，炒制时再搁些陈醋、生抽、老抽和老卤水，起锅前淋麻油、撒香菜，搁在半米高的方桌上，香味慢慢弥散，幸福感满满。我知道，这般家常香味里，释放的是游子归家的信号。

爱的味道

浓眉大眼，满脸络腮胡子，人送外号满哥，他却谦谨地自称满弟。满弟不是“街溜子”，而是长沙某安置小区一家粉面店的主理人。店虽小，却是“网红”。粉面馆何其多，它缘何留其名？作为一资深老饕，我可以用肥舌和唇齿作证：部分商家疯狂上演“抖勺功”时，他家的粉面码子却随你掠，夫妇俩勺起粉落间，贩卖的是都市烟火气和人情味。

我和满弟都是农家孩子，靠手艺混生活的新长沙人。我们这类人极重情义，而不擅长人情世故，因此常陷入困境。我和他都不理会，只把人做到最好，把手艺练到最佳。十年前，我遇见这家粉店时正是隆冬时节，夫妻俩从原来的马栏山浏阳河大桥边迁来，从原来的专为农民工炒盒饭，变成专伺早餐粉面，但就餐环境乏善可陈：一间搭在楼房旁的临时棚屋，四周是碗口粗的木立柱，顶端用绳子绑扎着旧彩条布，掀开棉被缝制的门帘，跨过一个下叠红砖、

上摞薪柴的大铁锅，店家顺势递来滚烫的沱茶，落座烤火后，听老长沙人讲些荤素不一的故事，只等通体发热、毛发竖起，再喊店家煮一碗干面，好不快意。

一份早餐，再简单不过，却足以让都市难得的邻里情得到升华。清早，散步结束的人端着一碗光头面，扫码付款10元，案台上的炒码和煨码一字排开，等待有缘人细心挑选。席间，还有花生米、酸豆角、酸包菜、酱油姜、猫鱼等小碟和坛子菜，顾客可按需选择，不需额外加钱。这时，跑堂的店家生怕顾客不够吃，主打随炒随加，随加随炒，倘使看见哪个盆子将空或需临时炒码时，立马手起刀落切些肥膘和五花肉，拌酱油、生抽裹生粉简单腌制后，放青红椒和姜蒜末，开猛火一顿爆炒，起锅时还不忘丢一捧大蒜叶子，简单至极、锅气十足。

初看，那就像乡村的流水席一般，肉新鲜、菜泛光，清澈而干净：夏季的本地辣椒炒肉、木耳炒肉、香干炒肉、蒜籽红烧肉，选料遵循“不时不食”的自然之道；冬天的芹菜炒肉、香菜牛肉，码子有十多个，用不锈钢盆子盛好盖好罩子，温在热水里咕嘟咕嘟响，食客想吃哪种码子，只要你不连着盆子端，问题都不大；对于胃口好的食客而言，只要吃得下，也可免费添加粉和面。我有个在深圳工作的表哥，每次短暂经停长沙，都要赶早到这家粉面店，至少吃两碗粉“打卡”，以示对“米粉之都”的尊重。

说来好笑，我有回周末起得晚，懒得下厨，临到店时见钵中空空如也，准备打道回府。谁知店家竟毫不吝啬地打开冰箱，取出准备中午待客的腊土鸡，将大蒜籽拍碎煸香，让青红椒和白辣椒“三椒合璧”，混搭般炒出一味椒香四溢、腊味香浓的码子，一人独享，至今难忘。当然，也有好请客者，事先支付百来元，嘱咐店家提前选定一块上好的牛肉，第二天清早召唤亲朋十余人，吃上一钵现炒的孜然牛肉码子，大家你一勺我一瓢，就着浓烈的散装谷酒，可以聊几个小时的天。我曾向当地社区的负责人建议，可以在粉店组个草根版“群众议事会”，大家在烟火人间的早晨，将家长里短事，都付千般笑意中……

有个初入餐饮圈的乡友，曾多次听我讲起这个故事，一度怀疑老板用了冷冻肉或边角料，不敢相信店家有钱赚。直到后来登门试味后，才明白乡里乡亲间薄利多销的道理。如今，那个乡友转行多年，这家粉店依然坚守。我想，这一蔬一饭、一粉一面中，释放的大抵都是爱的味道吧！

逛菜市场的"小确幸"

长沙城北有一片农民安置小区，每月逢七便是约定俗成的赶集日，其间出入口众多、商户林立，穿行其中宛如不规则迷宫，举目是烧烤摊的烟火气息。毗邻万家丽北路一侧人声鼎沸，这里有一条自发聚集的"野生"菜市场。

生活是一湾湖水，浑浊而清澈。映入眼帘而夺人眼球的"正宗湖藕"标牌，掺杂着粉色炫目的错别字。卖莲藕的大姐，另守着一处烤红薯、玉米的流动小摊，眼里永远泛着红，每个人的生活不尽相同，她的脸上却有笑容。她从益阳沅江"迁徙"到长沙苏家托，天麻麻亮就下水摘莲蓬。莲子只卖一季，就套种套养菱角、芡实、鳝鱼和财鱼等，她似乎要让自己变成一条鱼，逆流而上。类似的桥段，我在长沙闹市区一隅的接贵街、南门口、碧湘街、长塘里"淘宝"时，边走边吃边聊边看，总想将这些微光一一从尘土中拾起。我惊叹于街市的奇妙处，一条长街小巷凭一蔬一饭就可满足一家三口，集纳五湖四海的人，这里没有贫富贵贱和风花雪月，生活在这里的人似乎要处理许多“江湖关系”，但又简单而纯粹。卖鱼冻货、切烟笋丝、捏薄皮烧麦和卤连贴（卤制的猪脾脏）的，兜售之物与他们的脾性相关，他们的勤奋、散漫和市井话语，是繁华都市背后的缩影。

恍惚间，想起凤凰古城外的一处菜市场，那里有本地人最爱的早集和时令食材。落座举筷，一钵干锅乳猪肉配上本地柑子叶，滋滋冒油又香脆焦嫩，恐怕星级厨师也烹饪不出这道“神仙菜”。后来每去一处旅游，我们干脆不进景区，而是空手往菜市场冲，不熟稔地模仿当地人说话，装模作样地拿起并放下菜品，末了味蕾就再也憋不住了，催着你提着大包小包回家。秋日的早集也是烂漫的，适合陪老人或好友慢逛。红的花、黄的果，这些无处不在的“小确幸”，也在挑选采买和讨价还价中升华。而我独喜菜市场的猪肺叶，冲去血水切片，煸五花肉同煮，这是许多湘北人的儿时味：心肺汤，底朝天，饭吃光。

“中国人好吃，我觉得是值得骄傲的，因为是一种最基本的生活艺术。”张爱玲在《谈吃与画饼充饥》中写下的句子，让人动容不已。有一年出差上海，我早起和酒店行政总厨一番寒暄后，直接放下手上的自助餐，导航步行到最

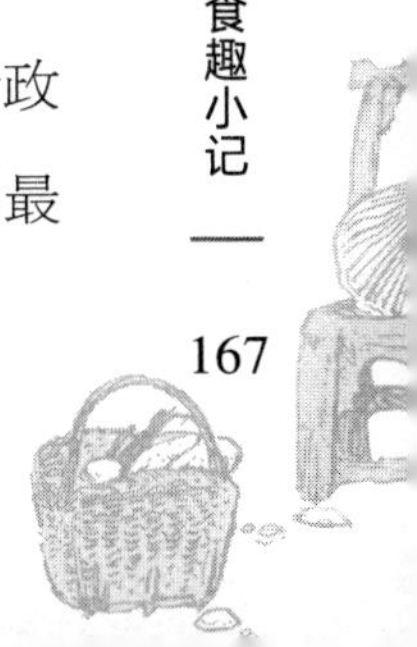

近的菜市场，开启逛吃买模式。新鲜草菇、崇明岛金丝瓜、8424西瓜，都被我背回，引得大家咂舌。有一次暮色初上时，偶然搜索“上海特产”，却发现高频词不是城隍庙的五香豆，而是国际饭店蝴蝶酥和凯司令栗子蛋糕。我决计去寻张爱玲最爱的凯司令蛋糕。

有味。本地的大爷大妈，鲜有人去一旁的凯司令门店购买，而是把单车、电动车沿街放齐，步行到虹口区纪念路400号的门店前排队，你要问一句为什么，他们会说“边边角料，好吃”。由此可见，街市的温度和魅力，绝不因城市的大小而改变。我想，极简的人生法则便是：众人皆在道途，无非一日三餐。

有时候，我希望我是个卖猪肉的，或者和那个卖牛羊肉、喝二锅头的小伙一样，更懂人间冷暖，更加乐得自在。

何以解乡愁，唯有土菜

我一老表，生在长沙，在海南工作多年，却有一副“湖南胃”。为此，我曾多次通过捎带或快递等方式，给他从长沙送去火焙鱼等传统土特产，一解他舌尖之苦。

我的舌间味，何以来解忧？作为一个从洞庭湖区出来的人，家里吃的剁辣椒、菜籽油都靠肩扛手提，我似乎也有一副能气吞乡村的“胃口”。是啊，对我这个在都市奔波的新长沙人而言，往往讲起土菜就乡愁四溢，有流不完的口水。我理解的土菜，就是接地气、沾露珠、有灵魂的吃食，不关乎贵贱、不在乎品类与节气。

土菜从何得来?

茶余饭后，沿月湖经福元中路右拐，进一条无名水泥路快走，过公墓山、楠竹林、乡间小道，一转身就是长沙县湘龙街道高沙社区，人也一下子从城市坠入村庄。走进这片隐秘角落，就犹如置身于二十世纪八十年代，满眼都

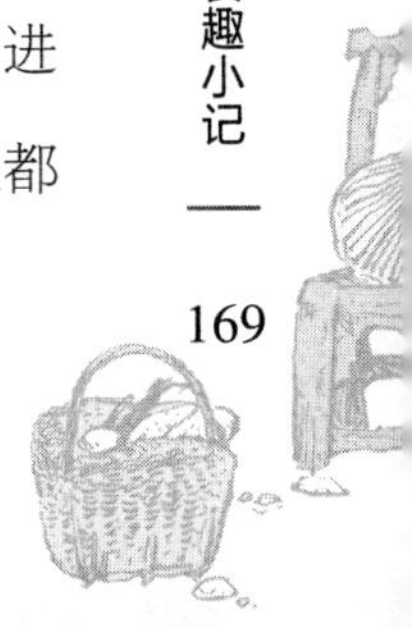

是长沙老郊区模样，菜农户自晒旱烟、搭竹架种青丝瓜、用谷壳熏火焙鱼、种扁担冬瓜的场景比比皆是。碰到雨水丰沛的季节，茶叶、木耳、野紫苏，郊区生活之趣，都能在这里找到。

土菜，向来勾人味蕾。2019年夏，我骑小电驴偶遇68岁的苏双其老人，他穿一双解放鞋、抽的是自种旱烟，蹲在田里摸辣椒、摘白皮土黄瓜、割红根土韭菜、刨洋芋头，黑汗直流、却好不惬意。我太兴奋了，打起赤脚跳到田里，香烟一开，话也聊开了。“高沙坪的红菜薹，长沙市都有名。”苏双其的老伴曾菊华说，他们种菜的地方当地唤做金盆淦，二十世纪八十年代初叫望新公社，村里多种菜种稻的菜农户和种田人，是典型的小农经济缩影。当地九旬高龄的苏满爹回忆，二十世纪七十年代，这里是长沙居民的菜篮子基地，农民进城卖菜，凌晨四点就要用扁担和箢箕把菜挑到渡口等船。每天早晨，渡口排着长队，等船一靠岸，挑担子的、打土车子（农用独轮车）的、拖板车的，把时鲜的黄芽白、向阳白、白萝卜等送到马王堆乡等地方卖，以维持生计。

苏双其的家中有几个小罐子，辣椒籽、黄瓜籽等老种子都是自留，因为有40多年的种菜经验，他的菜吃起来甜、脆、软，十里八乡都有名。一下班，我就死皮赖脸跑到五岳庙下老人家中买菜，最开始只是买莼包菜，后来，就用塑料袋和蛇皮袋“大张旗鼓”往家里拖。长此以往，为人爽快、舍得的老人家，每周六准时打电话“催”我拿菜叙旧，他还不肯收钱。为了体现对劳动的尊重，我把颇有名的白酒、精致礼盒拖来村里，开启了一场基于信任的“以物换物”。老人与菜园，成了我承载童年记忆和乡愁的“宝藏”之地。

红菜薹、酸枣粒、火焙鱼都是家之味

2020年10月17日，我幸运地吃到了寒露过后的“抢新”头茬红菜薹：高约20厘米，叶肥茎粗、肉脆无渣，表皮呈淡紫色，3根就可炒一大盘。用手掰断去筋洗净，掠一瓢巴黏的猪油，梗叶分批下锅，放一些刀拍大蒜、干椒节，三下五除二快炒出锅，趁烫嘴时大快朵颐、锅气十足，只是这些红菜薹还未经白霜“考验”，略有一丝苦味。

入冬后，几亩田的红菜薹黄花烂漫，根本吃不赢，老人就用菜刀切得细细的，用簸箕晒干、分装保存，办酒时垫在扣肉下做配菜，吸油解腻，也算物尽其用。不同季节，还有干马齿苋、干包菜丝和干萝卜菜等，真让人想起口舌

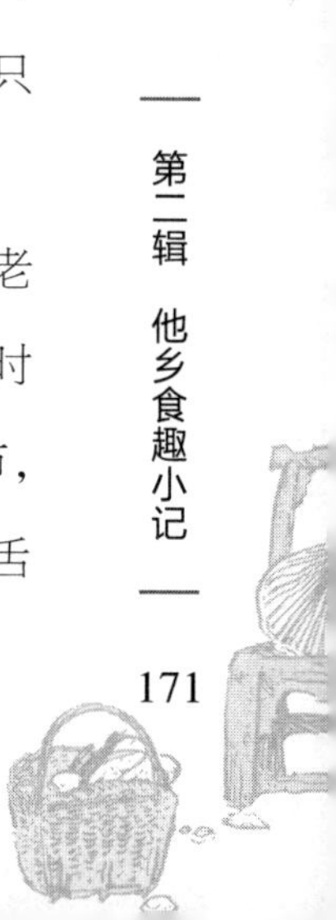

生津。

秋风一起，酸枣勾人。这是一种吃起来软硬适中，有嚼头、酸中带甜、酸辣可口、开胃健脾的小食，也是许多长沙80后的回忆。我爱人怀孕期间，就常吃到曾菊华老人手工制作的酸枣粒，“这个主治心烦、对肚子里的小宝宝好”，老人的叮嘱很暖心。

深秋，枝叶随风摆动，只听见酸枣砸落在地。清早，曾菊华提着胶桶来到自留山上，把熟透金黄的酸枣捡回家，用井水清洗干净，放入锅中蒸熟，放凉后用手捻去酸枣皮，将白糖、甘草粉、辣椒粉、紫苏叶和红姜碎等放在锅中拌匀（酸枣果肉黏性强，佐料会附在酸枣上）。随后把干净的布铺在篾筛子里，把酸枣一颗颗放置其中裹上白芝麻，放到太阳底下晒干或阴干，味道“透鲜滴”。

火焙鱼也是一绝，属湘菜系，把小鱼去掉内脏，焙干，不仅好吃，且便于携带。在草长莺飞的日子里，闯进田间沟汊，用竹制的半圆形耙子捞出麻古嫩、游刁子和虾米，把浮萍和水草筛选干净，直接撒细盐腌制，锅里依次放入鱼虾，堆谷壳到柴灶里，筷子时不时翻面，考验的是耐心和细心，熏一晚上就可出锅，吃时放青椒、大蒜碎和观音紫苏，野性十足。

这几年，随着城市的扩张建设，这片秘境已经被万家丽北路、捞刀河、湘龙路“包围”，我心心念念的土菜，不知是否还能“岁岁有今朝”。管不了那么多了，今朝有菜今朝吃。每周，我依然风雨无阻地到这片土地里，寻找家之味和舌尖上的感动。

第三辑　满目皆是家山

家乡，永远是这么近，那么远。我在长沙生活15年，饮的是长沙水，吃的是长沙粉，说的是长沙话，自己，仿佛也变成了“新长沙人”。远行的人，永远别忘了，何处是家山。

从塔市驿弯到华容县

华容县东山镇新沙洲汽车渡口（江洲墟场）位于湘鄂边界，从地图上来看，属于湖南省的“北极”，坐轮渡横渡长江，20多分钟就能抵达湖北省监利市鄢铺渡口。那个年代，站在湖南的长江大堤上打电话，稍有不慎就会停机，因为是湖北信号，无意中用了个“长途加漫游”套餐。

从江州墟场出发，到华容县老县城中心区域，全程47.8公里，坐车足足要1个小时。之所以要说距离和时间，是因为华容有句俗话叫作“从华容弯到塔市驿”，这意味着从县里到乡里，路程遥远不说，且来的人一定会翻山越岭，其目的呢，要么是到村里走亲访友吃流水席，要么是亲近自然放松采风，等等。

为什么又要说从塔市驿弯到华容县呢？因为对农村的伢儿来讲，除了读书和打工两种出路，如果想从农村“包围”城市，实现“鲤鱼”出农门、跳龙门，过程是极其艰难且漫长的。

江州墟场与塔市驿不过6分钟车程，同属东山镇管辖，属不同的村（社区），都是依水靠水之地，只是江州墟场离华容县城更远。塔市驿于我们而言，是生我们养我们的地方，大江大河和大风大浪，滋润了我们的胸怀，也成了我们开眼看世界，以及审视自我、认识自我的窗口。

二十世纪九十年代末，水运不再繁忙，村上凑钱修通村公路，队上乡贤出钱出力，名字也被印刻在村头的牌坊处。那个年代私家车甚少，曾经吃饭不饱的乡友通过在外打拼，肚子吃饱了，肚皮也变大了。混得人模人样，他们也学广佬开豪车、抽好烟。年底了，兄弟姊妹们把车停在禾场，待在家里陪父母过个朴素而热闹的年。

从历史的维度看，旧时驿道体例为“五里一堆，十里一铺，二十里一大铺，三十里设驿站”，这些铺和驿站往往成为官吏、商贾和赶考学子等的休憩点，塔市驿也自然而然地形成了一个商业中心。史料记载，塔市驿在春秋战国时期就已形成了古村落。这几年，科学家在塔市驿东南部考古发现“七星墩古文化遗址”，证明塔市驿地区是中国长江流域史前文明发源地之一。

前不久，负责重修塔市驿“云梦塔”的黄鹏告诉我，云梦塔有七级，七级浮屠指的就是七层塔。在佛教中，七层的佛塔是最高等级的佛塔。而我却认为，宝塔不仅仅是用来镇“河妖”的，它应该是所有华容人的心灵地标。

从现实的维度看，我们是乡里伢儿，也是典型的留守儿童出身，上的是曾经的农村偏远薄弱校，穿的衣服多为“箢箩货”，吃的多为水盐菜等坛子菜。但是，我们喝的是长江水，吃的是武昌鱼，传承的是塔市驿人勤劳肯干的基因。这些，大概也是对一方水土养一方人的最好验证吧。

我与华容县的感情，以前是亲情。我的三姨妈长眠华容螺丝山后，我几乎一年难得去一次华容县城，偶尔梦到她，每次都哭醒。我的表哥读书后定居海南，三姨父作为根系和纽带，维系着某种微妙的血缘和亲缘关系。

小时候，我们对县城几乎没有概念。从塔市驿弯到华容县，是和表哥从新沙洲汽车渡口坐大巴车到三姨妈家去，外婆带着我们，每个人背着半蛇皮袋自种的南瓜、红薯等，名义上是省亲，实则是进城过暑假。8块钱一个人的车费，从起点坐到终点，需要一个半小时，中巴车摇摇晃晃、走走停停，像极了我们浩渺而卑微的人生。

途中，要陆续经过排头山、高峰村、井码村、马鞍村、烟灯村、华容道村、华容三中、长岗庙村、红莲村、莲花堰村，经三封工业园、三峰寺镇、珠头山村、石伏村，过怀乡中学和几个收古董文物的小店，就直抵桥东路的湘运汽车站了。如果是晕车的角儿，一路过来，恐怕真的无暇顾及沿途风景了。

三姨妈的家在车站对面，如果是早上去，下车后到陵园街的团子店打个转，再夹一根卤火腿肠和几片豆腐，可以边走边吃。夏天，日子悠长，樟树迎风吹。那时候，经常看到街上有个婆婆推着车，煤炉子火烧得正旺，她尖起嗓子走街串巷叫卖：热红枣，卖热红枣哟，一块钱一碗。我们到现在都弄不清，热红枣到底是个什么枣。

三姨妈的家以及家附近的区域，以前喊“外贸招待所”。在部队当过军医的三姨父，盘了沿街的门面开诊所。三姨妈则一边带伢儿，一边做起炸油饼、油条和麻花等活计，一直到后来转行开麻将馆。

记忆，如王家卫拍摄的电视剧《繁花》一般，涌上心头。我想起了，进门左手边摆了几张白色长椅，不远处的推拉门里有半包围式玻璃柜台，摆满了药品和医疗器械，我甚至多次看到姨父给病患治性病，只是那时年少，全然不懂。

往里走，顺着铁楼梯往上爬就到了木阁楼，踩在上面咯吱作响。晚上，大家一律铺凉席睡在楼上。有一回，我们几个老表和亲戚睡在楼上，四个人个个都打鼾，第二天一大早，三姨父摸着脑壳说：昨儿夜哒一通晚没困踏实，你们几个打鼾的打鼾，磨牙的磨牙，放屁的放屁，阁楼都在震，下不得地哦！

我的三姨妈是典型的“小资派”城镇妇女，每天出门都斜挎一包，治家十分勤俭，且继承了外婆性格的强势与魄力。那时候，我很难理解她出门挎包的样子，总认为随时要出门旅行一样，或是显得自己有钱，要挎个包让别人晓得？

再往里走，是长长的走廊，走廊尽头是厨房。每天吃完早餐，三姨妈临出门前都会问我们一句：“伢儿们，你们今儿想吃什么菜呀？”我和老表一定会异口同声地说：“黄瓜炒火腿肠。”

时间到了21世纪初，我的父母亲和舅舅舅妈都在深圳打工，我和老表常常是一年或几年难得看到他们一次，那时也没有微信语音和视频一说，最便宜的沟通方式，就是手写信件。三姨妈排行老三，是外婆的二女儿，母亲则排行老五，是幺女儿。我的母亲和三姨妈的声音、脸型和发型都极其神似，以至于每次看到三姨妈，我都会想起久难谋面的母亲。

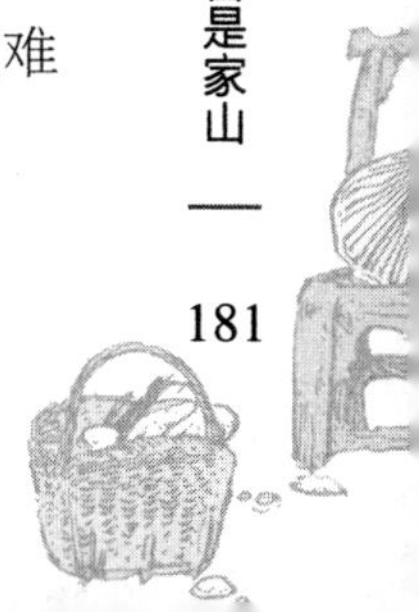

我的三姨妈春光灿烂，她一个人在液化气灶前叮咚哐当，搞得热火朝天，上桌吃饭时，桌上也一定会有猫鱼豆腐、辣椒萝卜等坛子菜，我们那时候甚至天真地觉得：城里的饭菜，是真的香啊！

从塔市驿弯到华容县，那里有记忆里的美食。三姨妈讲，制作茄子煲，首先要把削皮后的茄子切厚片泡水，沥干后再用清水泡一遍，放入大量菜籽油，油热后将茄子炸得酥软，捞起后放精肉、葱、剁辣椒炒，加调料入味再上锅蒸熟。比如，牛肉干要在冷水中泡发，泡到适合改刀为止。用菜籽油将大蒜爆香，将切成薄片的牛肉下锅，加入生姜、芝麻翻炒，几分钟后牛肉微卷，双面发黄，下孜然粉和味精就可出锅。这道菜的诀窍是，要赶早从菜市场买新鲜牛肉，带血腌锁住原味。三天后，用热水把盐洗净，放在太阳底下晒干或风干即可。说到这里，我想，不曾遗忘，大概就是对故人最好的怀念罢。

不去念。在当下。如今，我与华容县的感情，除了亲情，更有乡情。我们都是一样，为了奔波而人在异乡，夹缝求生、踽踽前行，在都市丛林里，偶尔能够遇到华容人、华容菜甚至华容印象，都觉倍感欣慰。

“我，曾经豪情万丈，归来却空空的行囊，那故乡的风，和故乡的云，为我抚平创伤……”

从塔市驿说到长沙城

父母在，不远游。老人在，亦不远游。这个保持了至少千年的习俗，如今依然得到延续。如今，倘使稍有空闲，我都会毫不犹豫地穿越山海人潮，回到那个寂静的小村庄。村里好啊，套路少。

我年幼时所生活的塔市驿本是湘北名镇，由于人口外流等原因，被并入东山镇后就此没落，只能勉强唤作乡集或墟场。塔市驿靠长江主河道极近，涉水区域被称作天字一号河段，天字一号码头则是长江航道上历史最悠久的码头之一。农村旧时讲求算八字，这下倒好，直接来了个“天字”，真是下不得地。

许是得了上天的福泽，这样落寞的街巷内外，却出过不少“角儿”，譬如，曾担任香港回归中英防务交接仪式中方指挥官的谭善爱。他说：“我代表中国人民解放军驻香港部队接管军营，你们可以下岗，我们上岗。祝你们一路平安。”比如，东部战区政治工作部副主任汪鸿雁少将，航天科技集团一院十四所的“大佬”刘佳琪，评论家、《十月》杂志执行主编季亚娅，等等。他们从塔市驿的各个小村走出，一律名声在外而乡邻鲜有人知，如星光般流散各地，发光又发热。

每个人的生活都是一样，而又不那么一样。说穿了，无非就是大风大浪与波澜不惊。于是，又有机灵鬼不无羡慕地说：“你们塔市驿人是吃活水长大的，滑溜滑溜的。”

我们村和长江主河道相距不到500米，于是近水楼台先得月，得名“长江村”。早些年，村中老少或外出务工，或艰苦创业，皆为生活所迫。我的父亲原是镇上有名的包工头，跟着湖北监利的师傅习得一手好瓦匠手艺，许多中学小学、政府单位建筑出自他和工友之手，然而人心不古，挂账极多。二十世纪九十年代的一天，收到一张百元假钞的他浑然不知，却在一次购物时被店家识出，被“稻草”压垮的他出离愤怒，拆下给他假钞的人堂屋的大门后，选择出走深圳，打工去了！

人似草芥，又如浮萍。父亲回到长沙后，除了乡音未改，鬓毛都已衰白。我们这代人，也像祖辈数百年前划地为界、插山为标一样，从举目无亲到蚂蚁搬家，从繁衍生息到完成迁徙，忙忙碌碌。从人类家族史来看，这是自然时间和物理空间的位移，也是族群发展变迁的微缩简史。从某种维度上简言之，旧时曾说的“五子登科”，如今却代表车子、房子、票子、妻子、孩子。一夜之间，仿佛大家都变成了“卷王”，这个要比、那个要拼，好像丑小鸭和笨鸟也要飞得老高老高，一旦飞得累了，就会有人把你“红烧”，或钉在村上的“耻辱柱”上。

静水而流深，顺其自然吧。前几天，我和老表坐在从湖北监利郾铺到新沙洲渡口的夜航船上，老表说：“屋里的黑是真的黑，伸手不见五指的黑，不像昆明，夜哒还是亮通哒。”我们从车里出来，站在船头和船尾，秋风起，江水寒，浩荡江面上偶有运煤炭的夜行船经过，星光共月明，那一刻，我们才感受到自己是长江的儿女，回到她的怀抱，真是渺小而卑微。

说起塔市驿，最忆是吃食。我的奶奶在世时，父亲每天最开心的时刻，就是用手机在小程序上帮老人家买菜，千张、豆腐、蘑菇是老三样。如今老人不在了，父亲最爱的吃食，也变成了兰花豌豆。奶奶牙口好，生前有喝谷酒的习惯，每餐开饭前都要在碗柜一角点根细香，再端起青瓷杯细抿，搭配盐豌豆或水盐菜等砸吧几口。盐豌豆怎么制作？即用菜刀在豌豆上划十字花刀，把豌豆倒进热锅干炒，再放菜籽油炒得焦脆，等豌豆胀开变大，加食盐和蒜粒，真是好吃。

再说黏米团子。黏米团子只有塔市驿人吃，华容西北的鲇鱼须等地只吃澄浆团子。传说关羽带校兵在华容道上埋伏的几天，全靠县令送黏米团子抵御饥寒。关羽班师这天正是农历正月十五，县令赶紧吩咐众人煮汤圆，哪知关羽叫住县令说，不吃汤圆，就吃埋伏华容道时吃的砣砣，即黏米团子。在我的记忆里，制作黏米团子一般用早谷米，将米粉碎粒炒熟后倒入盆中捏结成团，用调羹将腊肉丁、胡萝卜丁、腊豆腐干、大蒜叶等放入团子内，收口后用掌心搓圆，进甑蒸熟即可。冬天里，放进柴灶里烧得起锅巴或隔水蒸热，都是不错的吃法。饭米团子的缺点也很明显：脾胃不好的人不能多吃，否则“硌得心里”，就得不偿失哒。

最后说说塔市驿的早酒文化。清早，长街黑暗无行人，卖豆浆的小店冒着热气，从前的日色变得慢，车，马，邮件都慢，每天，只想吃一钵蒸豆腐丸子。灶台上，既有肉食者最爱的荤菜，如粉蒸排骨、蒸烀鸡子、蒸草鱼、蒸梅菜扣肉、蒸蛋饺；也有冇牙佬喜欢的素菜，蒸豆腐丸子、蒸藕丸子、蒸菱角米、剁椒蒸毛芋头、蒸萝卜丝、蒸茼蒿、蒸长豆角米，这里就不赘述了，写起来口水直流……

我的好友涛哥看我为家乡代言，便称有机会一定要去塔市驿，住一住，看一看，吃一吃。他说，看到我就想起二十多年前的自己，初到长沙，逢人就谦卑地说，我是华容的乡里人，跟你们长沙人比不得。我想，那一定是他的为人哲学，我们这些后生晚辈，够学。

从长沙弯到塔市驿，从塔市驿说到长沙城。风里又雨里，城里又乡里。故乡呵，永在我心里！

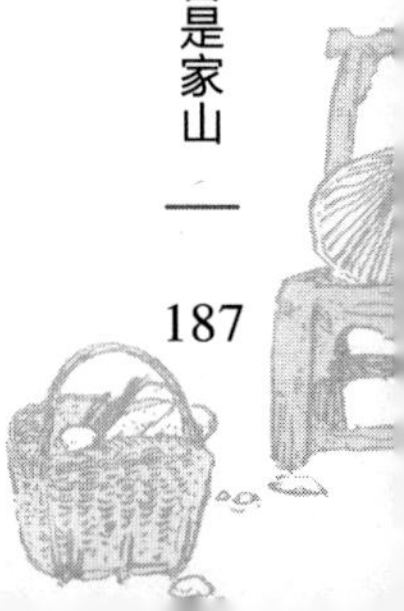

从长沙弯到塔市驿

车从洪山路拐入万家丽北路，再从三一大道驶入高速的那天早上，正是秋分节气，冥冥中仿佛都有注定。

我们乡里有句民谚，喊“从华容弯到塔市驿”，其义即，本来简单的事情却要大费周章，从县城兜兜转转最后再到乡里。我认为，其中也有舍近求远、追寻美好的意思。于是，我们一帮子人决定，从长沙弯到塔市驿。弯到那里做什么呢？个中原委，要从一个86岁的爹爹讲起。

我们小的时候，老听说塔市驿桂竹村出了个“角色”，也就是后来从湖南省纪委常务副书记任上退下来的赵焱森。此前，我与赵爹仅有一面之缘，只是听说他退休后任潇湘齐白石艺术研究院院长，热爱诗词书法、热心家乡事业。在他的号召下，长沙市华容商会党支部开展了“迎双节，送温暖”赴华容东山革命老区慰问活动。

活动开始前，20位东山籍企业家自发捐资捐物，少的有1000元，多的捐了3000元，不到一天时间就筹得2万多元爱心善款。当天，大家组团从长沙自驾，跨越200多公里山河，分别前往东山光荣院、塔市光荣院、江洲敬老院走访慰问。

车过洞庭大桥，云蒸霞蔚。我知道，不远处就到东山镇了。东山镇驻地原名三郎堰，因其地多山，皆在华容县东部，故旧县志称东山为“邑东诸山统名”，得名东山。

我的高中是在东山读的，偏科得很。我们这类留守儿童，极少接触西洋事物，生性木讷而调皮，从小摸龙虾、掏鸟窝、爬院墙、偷烧瓜、抽藕尖、干农活，以及结伴下长江主河道游泳，但至少童年是快乐的。我们从田埂乡间走出来，如今偶尔回到这里，心里竟然说不清楚是什么情愫。是汗泪吗？是感恩吗？

车过华容道村，想起很多失联的男女同学以及其他零星记忆，人和人相遇或重逢，往往是命里注定。风从耳边吹过，两边屋舍俨然，想起那个坐乡村大巴折返学校的年月。从东山镇往塔市驿方向走，村口的标志上是熟悉而陌生的名字：华容道村、大旺村、烟灯村、马鞍村、兰家村、高桥村、井码村、桂竹村、高峰村、塔市驿工贸市场、云梦塔、望江楼；往江洲走，万家垸村、长江村、新沙洲汽车渡口、清泥湾村、南岭子、老垱堤、平顶村、么台、白

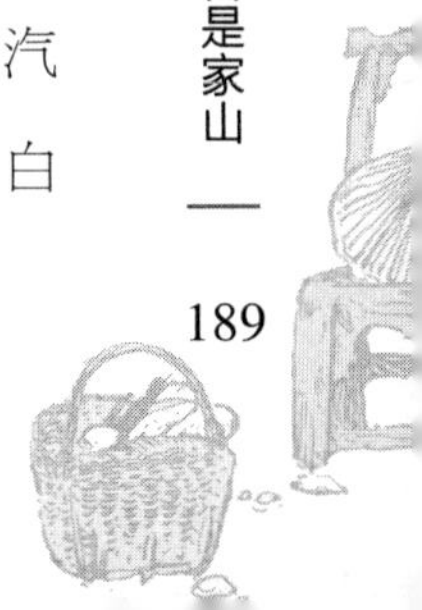

水湖、小渡口、小墨山村。

同行的东山籍企业家，我基本不认识，但是我们从小就说华容话，饮长江水，食武昌鱼，大家的情感至少是相通的：回报家乡，我是东山人！通过这次活动，我结识了不少老乡，比如，和我是隔壁队里的企业家黎咸财，包锡军和包志雄（听说他们是包拯的后人），从桃花山走出的企业家杨诚，瓷砖界的“天花板”石述球，文和友的股东兰少龙，长沙市华容商会副会长丁明勇，极有情怀的裴超，日化“小王子”胡伟，茶叶小姐姐张思，“虫草哥”花仕明，爱心律师张作辰，还有毛燕凡、周和风、汪双康、文作荣、赵亮、李黎……

秋分是收获的节气。大家所到之处，老人都乐开了花，棉衣、老式酥月饼、日化用品等，听说都是企业家们提前试穿、试吃和试用，觉得合适才采买的，真可谓礼轻而情意重。也有令人泪目的场景，一位住在光荣院的老人听说湖南诗词协会会长赵焱森要来，特意连夜创作诗词，当面请赵爹指导；如今住在养老院，昔日帮村里孩子剪头发的聋哑爹爹，看见熟悉的后生伢回来了，一个劲地招手，笑得很腼腆。

每个人的悲喜都不尽相同，所有人对家乡的感念更是不一，也许是一个地名、一张相片、一句话或者一道菜。对我来说，这许多年，一提到家乡，首先想到的都是吃。我当然知道这不好，也想过要改，却总也没改掉。你看，那个泥巴和稻草糊起的土灶前，有人用火钳在灶膛里拨弄，有人在“打闹台”（华容话里指做准备工作），有人在用破瓷片刮毛芋头。一边的竹蒸笼里呢，蒸鱼有头有尾，蒸豆腐丸子、蒸蛋饺子、蒸萝卜丝，汁水丰盈，香气扑鼻。

想起菜，不由得想起人；想起人，不由得想起菜。我突然开始羡慕起慈眉善目的赵爹，86岁还思路清晰，健步如飞。临回长沙前，他还为“收罗”了一小袋霉豆渣而高兴，笑得像一个孩子。

顺道而归，不禁悲从中来。烟雨蒙蒙中，我顺着沉塌湖的方向望去，丁家老屋场、董家汊、鹰子咀、白土地、担二丘、黄马咀、宋家咀、熊家门，这些熟悉的地名仿佛雾里看花，可望而不可即。这些地名，我曾无数次听奶奶提起，可惜如今她已作古，人生坎坷和家长里短，从此深埋幺姑坟山。

想来，马上就是中秋节了，“但愿人长久，千里共婵娟”。

豆腐丸子的命

那是湘北地区的华容县，长江主河道畔一个有千年历史的小镇，传说因一座云梦宝塔镇住河妖，当地逐渐商贾繁盛，也便有了市集和开放之埠，民国时期又设邮驿，故名塔市驿。

上矶头街横街八十六号，晚清时期的老宅院，门闩耷拉着身子，天麻麻亮，灶火刚熄，河边的雾罩子也散了。顺着残破的空斗墙砖眼往里看，一个女人脱下蓝布罩衣，正顺拿起两把擂锤，左右开弓将成块的老豆腐敲破锤碎。这天逢七赶集，人杂车多生意好，她必须用那双长满茧子的手，赶在早上六点前将碎豆腐揉搓成豆腐丸子，一袋袋分装好后，再配送到沿街的饭店。

豆腐丸子豆香浓郁、柔嫩带汁，一直是塔市驿的名特产品，远行的人会专程拿泡沫箱，放一层豆腐丸子叠一层冰块，希望带着家乡味穿越山海。也有迷信的老水手，拿它放在船头以敬河神。

当地人都晓得，架场打豆腐，哪个都当不得老师傅。豆腐丸子做工极其复杂，从收黄豆到上餐桌，足足有三十多道工序。一袋成品豆腐丸子只能换五块钱，每天起早又贪黑冇得搞场，于是做豆腐营生的人也越来越少。未承想，这个女人竟然是镇上唯一用传统工艺做豆腐丸子的守艺人。

其实，一碗“抻敨”的豆腐丸子也冇得什么巧，在于食材、火候、调料和手艺。四喜伢子从女人的顺口溜里，仿佛悟出了门道：本地豆子长江水，石磨出汁手工捶，姜末肉末葱花飞，瓷碗清蒸仙气追。

马家祠堂位于下矶头街，和上矶头街相距不到五百米，经历公社食堂、修建学校，祠堂旧地成了当地最大的集贸市场。如今，大家好像得了“狂症”似的，几句话不对板，转身就是一句“娘希匹”，或是买菜还价时吐几口浓痰，大清早还没醒梦，就开始喝早酒、打麻将，闹哄哄的，早不见肃穆气氛。“好打架的狗子，冇得一张好皮。”四喜伢子看不惯这些场景，只能喃喃自语。

豆腐丸子氤氲出热气，女人理了理衣服，在四喜伢子的目送中上街，不知是泥沙硌脚还是扁担不平，挑着担子走路高一脚低一脚，四喜伢子心痛得很，竟有点擦红了眼。街边，已经有陌生人从县城驱车几十里，搬起板凳的，举

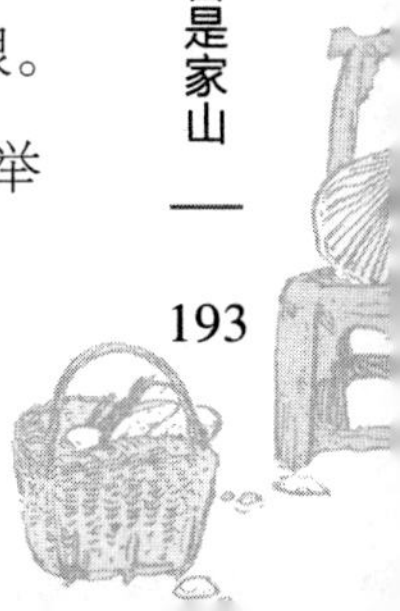

筷起抢的，好不热闹。除了女人最拿手的豆腐丸子，灶间列席者众多，渡船佬最爱的差菜，诸如粉蒸排骨、蒸鸡子、蒸草鱼、蒸梅菜扣肉、蒸蛋饺，有牙佬喜欢的素碟就更多了，蒸藕丸子、蒸菱角米、剁辣椒蒸毛芋头、蒸萝卜丝、蒸蒿、蒸长豆角米、蒸洋芋头，四喜伢子看得多吃得少，只愿上苍保佑，每天能吃二两白食，端盘豆腐丸子下酒，再好不过了。

早年家道中落，亲朋落井下石，年轻帅气的四喜伢子独自一人终日饮酒，哪里有红白喜事，闻见鞭炮声响，他就上南货铺买一挂2块钱的爆竹，再上主家讲些“搭口乖话”,以乞对方送些菜饭或酒水，常有大户人家给足面子，不仅好吃好喝招待，临走时还会打个大包封。

莫看四喜伢子时醉时癫，长期蛰伏墙边的宝贵经历，使得他对豆腐丸子的做法信手拈来：选本地农家自种的小粒黄豆，经过磨浆、煮浆、点卤、成型等工序制成的老豆腐捏碎备用，放精瘦肉末、姜末、葱花、盐、熟猪油和匀，加本地米泡（将纯糯米在锅中炒制，使之膨胀的一种副食品），用手捏合成乒乓球大小的圆丸子，放入甑中蒸十分钟揭开。捡出丸子凉凉，再用塑料袋封装冷冻存储，十二个丸子放一袋，寓意月月红火，吉祥圆满。待要吃时，将丸子装盘蒸熟即可。讲究的主家，会淋一勺糖醋汁，放几粒枸杞，滴几点麻油，色香味俱全。

我和四喜伢子“打隔壁”住，也喜欢喝早酒、打牌，对他是既恨又怜。碰到了，有时也借故和熟人搭话，故意不去理会，以逃避内心的罪恶感和不屑。我只想将这一碟豆腐丸子下肚，假装自己是个什么都不管的神仙，脑子里全是美食。你看，塔市驿的蒸菜一是荤素皆可，只要能吃的都可上甑，软糯可口，撩撩撇撇，无论是柴火灶还是大锅饭，放几钵蒸菜在锅里，饭熟菜熟，不用炒煮炸，农忙时节省时间；二是老少皆宜，牙口不好的老人和刚长乳牙的伢儿都能夹一筷子，即使吃不了菜和肉，也能撮一团蒸肉米粉进口；三是充料衬碗，物资匮乏的年代，特别是农村地区办酒，上几个菜、买几条鱼，都要好生盘算一番，撒上大量蒸肉米粉，既保持食材鲜嫩，又增加了分量。

悲从中来。豆腐丸子的没落与悲哀，仿佛和四喜伢子的命运异曲同工。我生活的塔市驿旧时由朝廷设驿站，市集文化悠远，是万里长江入湘第一港，船业社和木业社的水手、木匠聚居，码头文化独特。

溽热的早晨或“三九天”，常看见大我们十来岁的水手抛锚上岸，一身软绵绵地歪上集市，温半碗谷酒，点些蓑衣萝卜、炸盐豌豆下酒，看着眼前滚热蒸腾的蒸菜，劳力们总是习惯性把脸一沉，下意识地摸一下干瘪的荷包，最后只压着嗓子怯生生地点个把菜，然而，几杯白酒进肚，本家亲戚、村里乡邻和同船工友，甚至朋友带来的陌生哥姐都来了。水手和木匠师傅见吃者众、菜渐少而面子愈薄，于是干脆打肿脸充胖子，大呼堂倌将蒸菜上齐活，当流水席吃罢，大不了一起“打平伙”（指平均分摊费用）。眼见航运萎缩，码头文化和市井气息，似乎也在潮起潮落间没落了。

豆腐丸子之所以仍被宠爱，在于人缘和地缘优势。塔市驿河湖塘坑众多，田间阡陌纵横，乡邻依山傍水筑屋。鸡鸭鹅以散养为主，自个啄食浮萍、幼虫；生猪吃溺水、南瓜、红薯叶及野菜，膘厚肉香；农人种棉花、南瓜、水稻、芝麻、黄豆和花生，原生态农产品被贩子收走，随即散入本地市集或农贸市场，食材鲜美程度非大棚菜可比。

久居樊笼的都市人感慨“嘴巴淡出个鸟味”，常念“鱼无鱼味，肉没肉味”，或许，只是他们没寻到心灵深处的秘境。那是车马和邮件都慢的时代，生猪自己喂，走地鸡满山跑，湖汊里人工挖莲藕，菱角米为四角野生的，芋头农家自种，萝卜和茼蒿不施肥料，连豆腐都是用老石磨磨的，人们享有的是大自然的恩泽。

已有很久未归家，不知四喜伢子过得怎么样，也不晓得那个做豆腐丸子的女人，是否还守着这门手艺。梦里，我又看见那个泥巴糊就的灶台，奶奶系着围腰在灶前忙碌，锅里是我最爱吃的豆腐丸子，起锅时还要勾芡……

窗外，不见炊烟。故乡的云，从我心头，飘过。

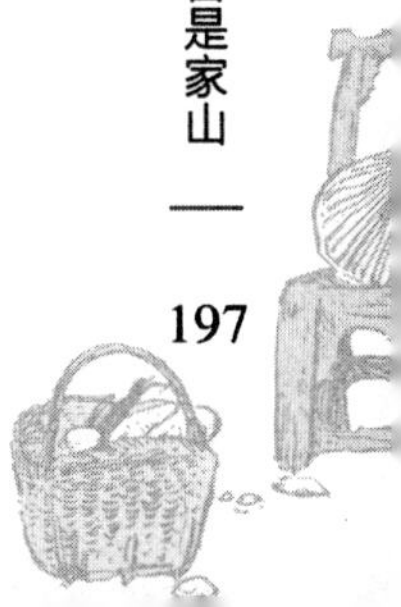

清明回乡偶记：不谈铭记或遗忘，只说良田与竹林

小路旁，栽了几排马尾松；人行其间，松风阵阵。我，很久没去那片山林了。你们或他们呢，或许也是吧？

我们老是忙，忙这个或忙那个，哪天，可以真正留一天时间给他们或自己呢？

小时候老怕鬼，因怕面容可怖；长大后却怕人，只因来者衣冠楚楚。

冥冥中，大抵只有在逢年和过节时，我们才得闲与斯人隔空对谈。这种对谈是睹物思人，也是瞬间泪目，当你看到那栋楼、那条路、那棵树，甚至是山谷吹来的幽风，偶有足以穿林透叶的狗吠声传来，都似在默默唤你的名字：伢儿啊，你回来哒。

我在林中行走时，突然刷到了一个视频，淡淡几句话，却引人泪崩，旁白是这样说的：又来上坟了，曾经带着我

上坟的人，现在却只能等着我给他上坟，还是这条小路，当初我爷爷背着我，现在我爸背着我儿子，或许有那么一天，我也会背着我孙子，踏上这条传承之路……行进之人变了又变，林中之墓也越埋越多。有人常问，结婚生子、传宗接代的意义何在？或许这就是其中一种吧。当然，每年上坟的都总会闹些乌龙，就总有那么一群人，在满树林到处找祖宗。你说他不孝吧，他满山遍野地找祖宗；你说他孝吧，他要跑遍山野才能找到祖宗。嘿，人生不就如此嘛，一代养育一代，一代传承一代，一代又忘记一代，代代如此，生生不息……

因人而远行，因人而聚首

车子，辗转停在了华容县章华镇某个农家小院。下车，目之所及，沟坑里，水已慢涨；芦苇芽已冲得老高，而唯独莲叶不见踪影。沤烂发黑的革命草与萎凋的茭瓜叶，枯槁的南瓜藤或丝瓜藤，与塘边三两株梨花和桃花交相映衬。

这是华容近郊的早春，惬意而张弛有度，这样的感觉，在长沙似乎很难有。

一到华容，悲从中来。姨妈过世前，我刚从报馆离职，和大学同学一起创业开店，为了习得一门手艺，在县城下

面的一家酱卤店学做卤菜。三个月学成回长，我们尝试动手配料包、开卤锅、卤鸭子，小店刚刚起步，我们天真地以为，事业将走上巅峰，人生会从此改写。

当时，正在求医问药的姨妈，每次来长沙，都会来店里看望我们这些后生伢子，看到我们瘦得跟麻秆一样，她忍不住泣泪交加，心里想的大概是：你们这些伢儿，真的是不听话，不晓得艰难辛苦，屋里人省吃俭用送你们读大学，结果你们放弃好端端的工作，一言不合就辞职开店！然而，我的姨妈一转身，就挽起袖子帮我们洗碗扫地。

直到某一天，接到那通悲伤的电话，我从三郎堰坐中巴到华容湘运汽车站，再转公交到亲人相聚之地时，路途中恍恍惚惚，竟一度坐反了方向……

华容县城，从此成了我的伤心之地，轻易而不敢去碰触。以至于每次从长沙返乡，我和老表都是直奔塔市驿，直抵江州墟场。姨妈的独子——我的另一个老表，亦把悲伤深藏“天涯海角”，在海南工作并定居，回来的日子极少。我们的苦衷和伤悲，一定是相通的。

这次节前返乡，是为办一桩小事而被迫夜宿华容。晚上，我们找了一家名为“老家塔市”的小馆，点的是华容菜，比如蒸草鱼块、鳝丝火锅、炸藕丸子、蒸豆腐丸子、炸整辣椒、酱豆豉烧大蒜梗、荤素卤菜拼盘；约的是华容人，朋友或恩师，他们在县城的各个部门打拼，既有土生土长的华容“老班子”，也有落地生根的“新华容人”，席间，既有久不谋面的责怪，也有久别重逢的欣喜。下次回华容，我呢，总算找到一些新的理由与借口了。

夜深了，我围着华容城市广场疾步走，间或在周边的小巷穿行。和长沙的巷道不同，华容的巷道几乎是相通的，从这头到那头，路途蜿蜒曲折，最后总能抵达终点；而长沙的小巷多为死胡同，如果您是个执着的钻牛角尖的且一条道走到黑的主家，那么我不妨劝下您，苦海无边，回头是岸。

关心粮食和蔬菜，关心良田与竹林

我的老家，有两个。一个是生我父亲的小村庄，华容县东山镇红烈村（现明碧山村）。一个是养育我长大的小村庄，华容县东山镇长江村。

父亲年幼时，家中有弟兄七个，长辈无以为继，将其过继到邻村的熊姓族人家中当嗣子，年少即颇受磨难。在对我的棍棒教育中，父亲却不失温柔：要常回家看看，有空多陪陪老人家。

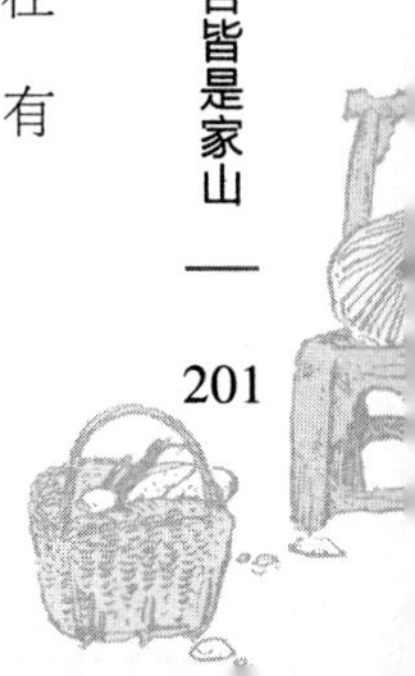

年岁痴长，青山多冢。每年回乡祭祖，我们都是以家族形式进行，即大家按照户头集体出资，委托某个熟悉家里情况且热心的没出五服[①]的族人，购买纸钱、香烛、鞭炮、花插等，祭祖完毕后，大家在一起围炉聚餐，追忆故人，年年如此。

清早，下了一点毛毛雨，或许是祖宗的庇佑。往年的这个时候，很多“马大哈”为了祭拜祖宗，一个不小心就把禁山烧得青烟直冒。此情此景，倘若祖宗们泉下有知，只怕会哭笑不得：化生子（形容好惹是生非的晚辈），这下真的把祖坟搞得冒青烟哒……

从哥哥家出发，一行十余人分工合作，有人搬鞭炮，有人探路。眼前，是浩瀚的沉塌湖，身边是野生樟树、刺树、柞树、茶树、栗树，以及许多不知名的杂木或浆果，它们以惊人的生命力，向山中覆盖，远看葱葱郁郁，近探却无从下脚。我们穿行在竹林间，一茬茬从新土中冒出的笋尖，向阳处占尽天时地利的楠竹笋，长起有一人多高，笋自有它的生长姿态，我们都无暇关心。清明，我们只关

---

① 五服，在中国丧仪中用以区分亲属与死者亲疏远近五个等级的服丧制度。如今，在有些地方，五服指高祖父、曾祖父、祖父、父亲、自身五代人。

心故人。

我们这一脉人，祖籍从江西南昌迁徙到华容小墨山，再辗转至沉塌湖边，前后不超八百年。按照“周孔孟绍升，平宗德启兰。慈仁锡庭光，永名登治安。齐家惟孝友，传后在忠良。大振承先志，文华百世昌”的熊氏派目来看，一代代先人都曾在这里耕耘、生长，然后叶落归根，与泥土为伴。

我们脚下的山脉，数百年前都各有其名，或曰熊家门，或曰幺姑坟山，或曰汪界、徐界、吕界等等。然而，从前如灯盏，人走如灯灭，山上笋尖脆嫩，无人来挖去食；山下良田再美，无人开垦种植。讲得再多，无人去做，那又有什么意义呢？所以，知足常乐吧，每个人都是历史，每个人也都是过往。珍惜的，唯有当下和眼前。

《岁时百问》中写道：“万物生长此时，皆清洁而明净。故谓之清明。”我想，清明祭祖的意义，不是为了铭记或遗忘，更不是为了良田与竹林……

珍惜眼前罢！如此，方可“慎终追远，民德归厚矣”。

华容县塔市驿云梦塔，究竟始建于何时？

我们身边不乏关于塔的例证。比如，长江边孤冷的灯塔，老小区斑驳的水塔，高耸入云的手机信号塔。

讲起塔，神秘感不言而喻，比如，占卜游戏中的塔罗牌。“度娘”对塔的解释即，有特定形式和风格的中国传统建筑，最初是供奉或收藏佛骨、佛像、佛经、僧人遗体等的高耸型点式建筑，称“佛塔”。

不妨再科普一下，中国的塔一般由地宫、塔基、塔身、塔顶和塔刹组成。塔的种类也多，有十五重塔、十三重塔、九重塔、七重塔、五重塔、三重塔。从材料来看，有砖塔、木塔、石塔、玉塔等。

我的家乡塔市驿位于长江之滨，是万里长江入湘第一港，因古时江边建有白塔，塔下市集繁荣，并有专设驿站而得名“塔市驿”。那么，塔市驿的塔始建于何时？有何掌故？

据《岳阳日报》的一则报道记载，重建七层白塔（云梦塔）是塔市古驿乡村振兴、还原千年古驿原貌的重要举措。白塔（云梦塔）重建项目总投资329万元，资金来源以乡贤乡友、居民自发自愿捐款为主，2018年8月6日开始动工建设。如今，重建并完工的云梦塔，已成为省内外游客争相“打卡”的著名景点。

这座塔最初的建造时间是何时？华容一中原副校长黄世田在《白塔建造历史》一文中说：“宋神宗年间，建造了一座三级白塔。塔市这地方有了塔，最早就起名叫‘塔子’。”黄世田还写道：“至于，塔市驿的白塔何时倒毁，又是何种原因倒毁，已经很难查到历史记载了，现在只有传说和猜想。有的说是毁于战火，也有的说是毁于自然灾害，这一历史疑团，只能让历史文物专家进行考证。”可能是由于篇幅限制的原因，文章中并无确切可佐证其建造历史的史料，故其建造时间存疑。

我在请教华容其他文史专家时，又有一说法称，《资治通鉴》记载，南朝梁大宝二年（551年），侯景围攻巴陵，湘东王萧绎将胡僧祐自江陵帅水军赴援，“僧祐至湘浦，侯景遣任约帅锐卒五千据白塉以待之”。文中所提到的白塉即白塔，这是否说明，南北朝时就已有此塔？这个疑团，我想，也有待历史学家考证。

翻阅华容县委党史研究室提供的《湖南省华容县地名录》（1983年12月编印），其中记载，塔市驿系一古老集镇，此地原有宝塔，宋名塔子口，明朝设水驿站，故名塔市驿。

而部分公开的报道又称："据史料记载，白塔（云梦塔）始建于宋代，高七层，汉砖方斗，庄严稳重；龙角飞檐，展翅欲飞。"其中提到的史料究竟是什么？如今能否查阅并进行佐证？我认为值得探究一番。

经过多方辗转，我查阅明朝万历年间（1573—1620年）撰修的《华容县志》有如下记载："旧志列一十三，今渐废。惟板桥、墨山、万庾、茅店通往来。尚有存者，塔子、纸坊，石首界中，余俱不载。"塔市驿位于县境东北陲，自古属楚地，文中所记载的"塔子"，是否为现实中的"市"？如果这事属实，就可实打实地印证，塔的建造历史最早可追溯到450年前。

再从侧面来考证。南宋时期诗人陆游（1125—1210年），是今浙江绍兴人。他在诗作《塔子矶》中写道："塔子矶前艇子横，一窗秋月为谁明？青山不减年年恨，白发无端日日生。七泽苍茫非故国，九歌哀怨有遗声。古来拨乱非无策，夜半潮平意未平。”诗中所说的塔子矶，是否为塔市驿旧时的名称？

再来深究史料。乾道六年（1170年），45岁的陆游从浙江绍兴赴任夔州（今重庆奉节一带）通判（知州的佐理官）。他五月十八日晚起程，乘船由运河、长江水路前往，历时5个多月，于十月二十七日早晨到达夔州任所。路上，他还不忘写每日经历，比如，经过什么地方，游历或舟中所见。他在《入蜀记》中记载：“九日，早，谒后土祠。道旁民屋，苫茅皆厚尺余，整洁无一枝乱。挂帆，抛江行三十里，泊塔子矶，江滨大山也。自离鄂州，至是始见山。”

将前者翻译为华容话，大概意思就是说，九号（船行至石首境内），天麻麻亮，出发前首先要到土地庙祭拜一下。只看到路边上民房很多，我的个伢，用来做房顶的茅草只怕有尺把厚，齐整整的，冇得一根乱草。随后，我把船帆扯起来，在江中航行三十里，在塔子矶停泊，塔子矶沿线的江边多大山。从离开鄂州以后，到这里才见到山。

那么，陆游所见到的山究竟是什么山呢？我想，或许是小墨山吧。查阅资料不难发现，位于湖北石首和湖南华

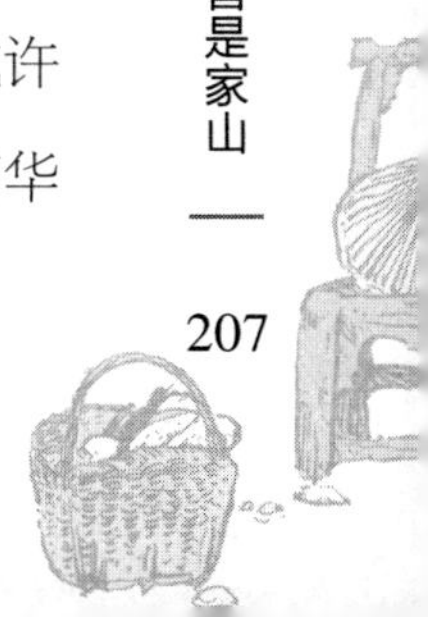

容交界处的桃花山脉绵延近30公里，主峰雷打岩海拔380米，从雷打岩延伸到塔市驿的方向就是小墨山。距长江南岸1.7公里的小墨山，是桃花山脉的末端，如今，即便是小朋友乘船，只要你站在甲板上，就一定能看见绵延起伏的山脉。

八月十四日，陆游在《入蜀记》中亦写道："泊刘官矶，旁蕲州界也。"由此又可推测，如果文中的塔子是当时的"塔市驿"。塔子和刘官若为"市"，矶，可能就是那个年代对船码头或渡口的统称。从几首诗词中又不难证实，陆游可能不止一次到过塔子，且逗留可能不止一日。

再来看看《入蜀记》，陆游到达塔子矶后，"买羊置酒。盖村步以重九故，屠一羊，诸舟买之，俄顷而尽。求菊花于江上人家，得数枝，芬馥可爱，为之颓然径醉。夜雨，极寒，始覆絮衾"。这个意思就是说，陆游想买羊买酒，于是在村庄旁的水边停船，因为是重阳节的缘故，村民杀了一只羊，几条船的主人抢着将羊一起买了，不一会儿就吃完了。于是，陆游又在江边的人家那里买了几枝菊花，芳香可爱，因此就喝得醉了。夜里下起雨来，非常寒冷，这才开始盖被子。

或许，随着时代的不断变迁，昔日的矶也逐渐由渡口名演变成一种地名，比如，塔市驿人如今依然口口相传的上矶头街、下矶头街，翻译过来，也不过是上码头和下码头的区别罢了。

从陆游的这个故事分析来看，塔市驿塔的建造年代，最早又可推测到850多年前的南宋乾道六年了。

华容塔市驿云梦塔：塔刹深埋千年，如今重见天日

解放前，山中土匪有句黑话，即：天王盖地虎，宝塔镇河妖。这个意思是说，你是地面上的虎，我是天王，我应该盖你一头；我是托塔天王，专门镇你这个河中小妖。

我的家乡塔市驿位于长江之滨，是万里长江入湘第一港，因古时江边建有白塔，塔下市集繁荣，并有专设驿站而得名"塔市驿"（旧时称'塔子'）。那么，古时候修建这座塔的是何人，修来何用？

华容一中原副校长黄世田在《白塔建造历史》一文中分析，建塔的原因主要有两点："一是这地方历史上水患连年，建塔是为了镇住水妖，二是可以为长江里的船起到航标的作用。过了一段时间，三级白塔因年久失修而倒塌，后来相继再建塔，塔的高度升至七级，这也许是根据佛家'七级浮屠'的理念而建造。"

许多公开的报道中又有一种说法：“据史料记载，白塔（云梦塔）始建于宋代，高七层，汉砖方斗，庄严稳重；龙角飞檐，展翅欲飞。”然而，塔市驿人李运洲则撰文称：“塔高虽不过三丈，但视若白玉，玲珑剔透，因此塔市驿始名‘塔子’。”

没有确切历史资料的佐证，这座宝塔的材质和层高，似乎很难加以考证。

《诗经》云：“滔滔江汉，南国之纪。”长江古名“江”，又称大江，六朝以后通称“长江”。自古以来，长江就是东西运输的大动脉，古人出行以水路为主，以船只为交通工具。从出行的原因来看，他们出门多为赴考、出使、迁谪（宦游）、乡旅、归隐、经商等。比如，1170 年，陆游在《入蜀记》中就记载：“挂帆，抛江行三十里，泊塔子矶，江滨大山也。”

可以想象的是，那时的长江塔子段穴口众多，江水横流或环流冲刷江岸，崩岸滑坡险情时常发生。不仅如此，南来北往的船只行至江中，往往遭遇连连旋涡和涌动暗流，时不时还刮来一阵龙卷风，等船主人发现不妙，帆船早被掀了个底朝天。从此，人们认为河水中有妖怪，为了镇压水妖，所以修建了塔市驿的风水塔（当时称白塔）。

梁思成的助手张驭寰在《中国风水塔》一书中记载，风

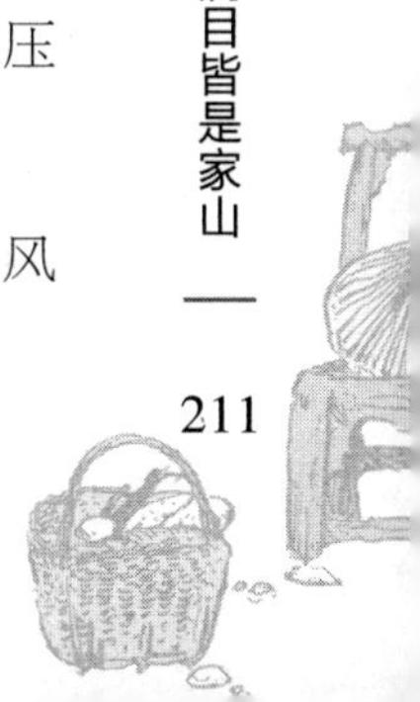

水塔的功用包括镇山、镇水、镇邪、装点河山、教化百姓、弥补风水缺陷、锁水聚财等，关乎一方文脉或百姓平安，选址非常讲究，一般修在水口、山巅等，远远即为人所见。

从塔的功能看，有一类称文峰塔，用以启发文运，发旺当地多出官运亨通之人，此塔一般为官方倡建；另一类称为风水塔，用以弥补所谓的风水缺陷，此塔一般为民间自发集资捐建。从历史渊源来看，风水塔是祈运、镇水的宝塔，后逐渐发展为航标，如今已是地标、城标和旅游景点。

前几年，从湖南省纪委常务副书记任上退下来的塔市驿人赵焱森爹爹，热心家乡建设事业，希望重修宝塔，助力乡村振兴。在他的号召和奔走下，县政府有关单位同意在古塔遗址上重建，并向村镇及寓外乡友发出信件，动员大家捐赠资金，得到了乡友的积极响应，其中，捐赠人民币的多则上百万元，少则有数百元。众人拾柴火焰高，2018年8月6日，白塔动工重修。

值得一提的是，在学界看来，如果想要修复文物，普遍要遵循一项原则，即“修旧如旧”：一种是从工艺上理解，按原材料原工艺修复；一种是从形态上理解，即修复部分不改变器物原状，符合其原始外观形态；一种是从风貌上理解，即修复部分的外观要具备与留存本体同样的老化状况，从而体现协调一致性。

是“修旧如旧”还是“修旧如新”？负责重修宝塔的华容籍企业家黄鹏告诉我，塔市驿的塔仅存旧址，其他砖瓦及残件均不存，重修仅凭想象和对照参考。而修塔和修路有什么本质区别呢？黄鹏说，修塔是一门建筑美学，过程最耗神最难，修路则最简单粗暴。对待两者的共同点是，都需要凭良心做事。

然而，一直到修塔的第四个月，一个偶然的机会，黄鹏才发现不远处的坡下还有一座马王庙，庙内供奉有南岳大帝和杨泗将军。根据碑记来看，该庙原名为圣护寺，圣护寺胡老和尚的墓碑就位于马王庙一侧，为光绪十九年（1893年）立。

黄鹏还告诉我，当时他发现庙已比较破败，作为家乡企业家有些于心不忍，于是干脆自掏腰包对马王庙进行修缮。在修缮的过程中，守庙人告诉他，说听老一辈的塔市驿人曾不止一次讲过，原址下面可能埋有塔刹等旧物，挖的时候要格外注意。黄鹏铭记在心，挖机动土时一直小心翼翼，直到有一天挖出个糊满泥土的硬物，黄鹏立马凭着直觉冲上前捡来，用水细细冲洗后才发现，眼前竟然是一个古老的白色塔刹，时隔近千年，它终于又重见天日。

根据黄鹏的讲述，我曾造访过马王庙周边，发现附近散落有界碑一块，雕花的旧石础十余块，以及青砖若干。还有几块碳酸盐岩（是指主要由沉积的碳酸盐矿物，比如方解石、白云石等组成的岩石）等老构件，从肉眼上看，这些老构件与白色塔刹色泽相近，材质相似，疑为云梦塔原塔塔身残件。然而，究竟是不是塔身残件，也有待文史专家考证。

一位业内人士告诉我，塔市驿这座宝塔的旧塔刹，其材质就是典型的碳酸盐岩。当我把这件事情告诉黄鹏时，他竟然一脸惊奇。因为在重修宝塔前，他走访塔市驿本地高龄老人发现，华容境内的山脉一般只产麻石和大理石，历来不产碳酸盐岩。近千年前，要修筑这样一座宝塔，这样特殊的石材，是何人从何处运来？这，只怕也是个永远的谜了。

我想，在历史的洪流里，这些问题或许都不那么重要了。历史，往往是不断重演的，在时间的浪潮里，每个人都是过往和历史。要珍惜的，往往是当下。

作为家乡人，我曾多次登临这座新修的宝塔。从材质来看，塔身主体为实木加砖混结构。从式样来看，其共有七层，每层均饰青瓦飞檐，四周铺设有环形灯带灯饰等，晚上发出黄色光亮；从整体来看，其为八边形，形制为楼阁式塔，一楼有介绍塔的历史渊源和典故，陈列了老塔刹等文物；塔右侧有向上的螺旋式楼梯，楼梯两侧，挂有文人墨客的诗词画作等，每层皆有出口，可供游人登临望远。

登塔，从不同角度来看，呈现在我们眼前的，分别是五码口、长江主河道、塔市驿主街、小墨山、排头山、万家垸等，可谓横看成岭侧成峰，远近高低各不同。值得注意的是，塔四周的大理石围栏板上，除雕刻有花草树木，还留下了不少捐资捐物的善人的名字。其中，既有退休的老领导，也有远在国外的乡贤，更有经商不忘回报家乡的长沙市华容商会部分会员。更有甚者，或许只是街上卖小菜或杀猪的主家，听说修塔一事后，同样积极响应，纷纷慷慨解囊。

古塔新建，重新定名。赵焱森爹爹依据塔市驿旧时属“古云梦泽”这一地理因素，提出将塔起名为“云梦塔”。这一说法，得到了各方赞同。随着塔的建成开放，这处滚滚长河边的心灵路标，如今终于在长江南岸重放光辉。

对我们这种长居异乡的游子而言，这塔宛如灯塔。登塔而望，洞见内心。你看，江水不语，向东流；云梦处，海市蜃楼。

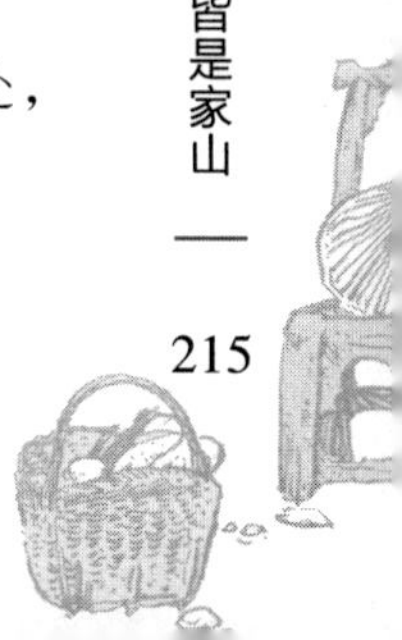

夏日访古录：
每个塔市驿人心中，都有一座蛋子山

要说蛋子山，就不能只写蛋子山。

不妨梳理一下，华容仅有、外县绝无的几个“千”：千年古址七星墩遗址、千年古树桃花山银杏树、千年古人元代女尸、千年古镇塔市驿、千年古塔云梦塔（白塔）。然而，很多人竟忽略了，华容还有一处千年古景——蛋子石。

蛋子石，位于华容县东山镇塔市驿蛋子山顶。查阅清乾隆年间的《华容县志》可发现，其载蛋子山为“弹子山”，并释其名来由：弹子山，县东北八十里，上有悬石，可立十数人，以足踏之，则落，人去，复悬，以其形圆似弹故名。翻译过来，大意应是：位于华容县城东北八十里处的弹子山，上有一块悬在山崖峭壁（山顶）处的巨石，石头上可同时站立十多个人，用脚或轻或重地踩下去，石头会略微向下倾斜，人如果离开了，石头又会恢复原先的样子（类似于人踩跷跷板一样）。因其形态圆鼓像弹珠，所以得名弹子石。

据史料记载，公元1616年，湖北进士袁中道所著的《游居杮录》云:“蹋石登山（蹋石有古驿站塔市谐音，进山口牌头山，铺有麻石板台阶，可蹋石登小墨山），山穷处有一峰，奇石成山……其高处立一巨石如弹丸，置于山巅揽月……其累棋可怖，唤名弹子石。”又相传，清朝中期始，游人香客不绝，见此“弹”如鸡蛋，后始称蛋子山。

翻阅清光绪年间《华容县志》，其中记载蛋子山亦为“弹子山”，因此可断定，蛋子山的写法是后世或现人讹传所致。如今，就连地图的导航也显示为蛋子山，我却并不觉得意外。历史，不就是传来传去，假假真真吗？

而据熟知掌故的老人讲，有只天鹅飞过塔市驿时，见这里山清水秀，想在这里筑巢孵卵，便落下翅来，刚产下蛋，却见东南有一雄狮盘踞（东山镇境内的狮子山），生怕不安全，留下蛋后就飞走了。后来，竟孵化出了这圆润光滑酷似蛋形的大石，蛋子山和蛋子石也由此得名。更绝的是，这巨石竟放在三根石柱上，柱石与蛋面间可容丝线盖过，真是不可谓不奇！

要写蛋子山，首先要交代我和这座山的关系。我从小

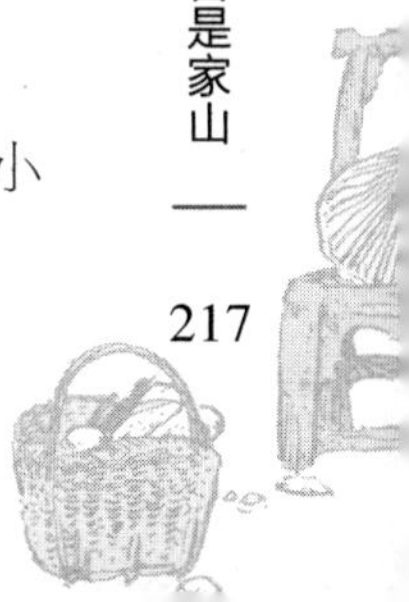

由外婆带大，每逢长江小学和江洲中学组织集体春游或秋游时，我们会大清早排长队，随老师从江洲墟场出发，走路经过舒个直路、南岭子、老垱堤，再往右向小路方向行进。蛋子山并不陡峭，沿着布满荆棘或长了构树等野树的山路弓腰向前，有时要手脚并用地向上爬，有时又要向岩缝中的枝丫借力。爬到半山腰肚子饿了，就翻出大人备好的水煮玉苞、水煮蛋、盐水花生、盐豌豆等，同学的书包里，还有一种筷子长，辣且干，售价一角一根的麻辣条，吃后提神醒脑。爬山讲究一鼓作气，从山脚到山腰，短暂补充能量后，就可向山顶发起总攻，整个过程需一个多小时。

记忆里，即将抵达山顶附近时，要几近匍匐地经过一段两侧长满黄木香绿植的廊道，黄木香枝条修长，黄色花朵宛如花墙，贴着脸颊而过，满足感瞬间在心头爆开。山顶处，只见三块倾斜或微隆的巨石，蛋子石早已不见，对面山头的蟒蛇石，倒是让人记忆犹新。

“真是很遗憾、很痛心的一件事。好生生的一块石头，跟你无冤无仇，去碰他做什么呢?”和我同行的老人回忆，蛋子石为麻子石（花岗岩）材质，小时候他到蛋子石下游玩，扁起身子退到石下，刚好可以容纳一人，石头底部还有三个扁扁的“盛蛋脚”（能够支撑石蛋重量的石质器物）。而从远处看，蛋子石就像是一个悬在山顶上的脑壳……

好物大都不坚牢，彩云易散琉璃脆。多位塔市驿的老人回忆，1967年，四名本地年轻人设法搞来炸药，多次上山“打炮眼”，用炮锤和钢钎在蛋子石上凿出一排排半米多深的圆洞，将火药放进炮眼，石头被炸得四处飞散……

“我原住新沙洲，屋里大门偏西一点对着蛋子山，每天开门就能看到蛋子石。1967年某天放学，刚进门，我奶奶就说，蛋子石被人炸了！我跑出门一看，果然不见陪了我十年的蛋子石了。这种失落无可比拟，一直伴随我几十年。”华容历史研究会副会长徐启华回忆。

曾参与修复蛋子石的老塔市驿人、湖南省纪委原常务副书记赵焱森曾撰文表示，修复蛋子石，第一关是设计难。因为原来天然形成的蛋子石是一块重百吨以上的巨石，隔远看，宛如一个大蛋立在山巅之上。可被炸毁后，它的形状只是老人们心中还有记忆，其方、圆、重、大已无资料可考。为解决这一难关，牵头人就分头找到亲眼见过原石的老人进行回忆，再对原石地址进行勘察，反复研究论证，终于形成了一个复旧如旧的制作方案。第二关是资金难。恢复工程即便精打细算，也要花费人民币30万元左右。要解决此难题，只能全部依靠民众自筹。第三关是施工难。立蛋的山峰虽不太高，但特别陡峭，而且当时尚未通路，不但凭险施工难度大，就说材料运输要凭着架天桥、人拉肩扛，更显艰巨。好在这些困难，都被一一解决了。

端午回乡重游蛋子山，已是二十年后的事了。车子从塔市驿排头山口盘旋而上，沿途马尾松、柏树、樟树和枫香极多，唯独不见桃李等果木。蛋子山新修的山路两侧，到处可见身缚细孔炮眼，被炸得七零八碎的花岗岩。山顶处，是2021年7月竣工复貌的新蛋子石。如今，这里已成为省内外游客的“网红”打卡点。

我走访发现，在离新蛋子石十多米的岩石缝中，竟长出一棵四发奇树。经询问得知，此树为木子树，学名也称乌桕树，其独特之处在于，从树基部分生出了四根大小各异的树干，异于常态，且这棵树唯独立于蛋子石前，其灵性和巧合令人叹为观止。“古人讲，屋前莫栽木子树，招鬼。”据有经验的塔市驿本地人讲，木子树在塔市驿境内极为稀少，且其生长缓慢，开白色小花，如果用它的木材来雕刻土地菩萨，是最容易显灵的；如用这种树木来雕刻其他菩萨或神像，也是上好的。

雨过天晴，天朗气清。蛋子山隶属小墨山岳支脉，站在蛋子山顶，目之所及处屋舍俨然、河湖纵横，不由得感慨人生如朝露，也似野草，更如烟尘，但见随缘。

倘若以蛋子山为中心区域，可见其西南方向是小墨山和排头山，以西是弹峰寺（塔市驿人万年淳，原名康，谱名国翰，号弹峰，为乾隆五十七年举人，曾任安徽六安州同。相传，他曾入弹峰寺自修，同时还向一位高僧“牛筋和尚”学习高深佛理和奇门遁甲之术），东南边是仙人洞，是难得的“风水宝地”。而塔市驿本地老人回忆，蛋子山中还藏有许多著名景点，如棺材石洞、猴子石、抱鸡母石、雷打石和套靴石等，可惜多已被毁。比如，棺材石洞在战时就是“躲兵”之处，曾庇佑过当地百余名群众，据传，此洞可直通繁莲湖。

每个人心中，都有一座蛋子山。81岁的塔市驿人何爹回忆，二十世纪五十年代随父母登蛋子山砍柴，是“打肩桩”上去的，那时候，最易引燃的薪柴，当数红棍子和水竹子。不仅如此，砍柴途中还能随意看见獐子、兔子，有时候可以见到不远处的野猪排排过，还能经常看到黄鼠狼、野猫子、水獭等等。据其回忆，蛋子山昔日还有一种“两头蛇”。有次砍柴时，何爹看见一条有两个脑壳的蛇，在树和树之间蹦蹦跳跳，于是扔下柴刀，甩开膀子就往山下跑。

到家后，紧张兮兮地询问老人才得知，这种蛇喊“鞋板蛇”。笔者查阅资料发现，老人所述之物疑为“两头蛇”，其长于高山之上，为无毒蛇，背部呈灰黑色或灰褐色，尾圆钝，有黄色斑纹，极似头部，并有与头部相同的行动习性，故称“两头蛇”。

横看成岭侧成峰，远近高低各不同。站在蛋子山顶，和我同行的七旬老人感叹，听老一辈的人说，塔市驿原有“老十三景”，可惜时过境迁，如今许多风景都已不存，人亦不存，颇为遗憾。

据这位老人说，塔市驿还有一句鲜为人知的民谚：左边的钟鼓响，右边的响水港；有人葬在钟鼓响，代代出皇上，有人葬在响水港，代代出和尚。其大意是说，塔市驿境内有两块地，一块是位于小墨山脚左侧的“钟鼓响”，一块是位于小墨山脚右侧的“响水港”，地域不同，人生和命运也不尽相同。倘若当初那几个年轻人不去炸蛋子石，其命运是否会因此而改变呢？我想，那“响水港”里，四季不绝的清水，无非是些天鹅的涕泪，感叹的，大概是盛景不在，劝君更要惜取眼前人、眼前景罢了！

从长沙雩到三郎堰

时隔两个月，再回塔市驿。想要回塔市驿，东山镇政府所在地三郎堰，是板车、单车、私家车的必经之地。

2023年底，东山镇乡村振兴促进会正式成立，签约11个重点项目，总投资规模达10.3亿元，让东山“再起”，更是让三郎堰这个地方，一度成为本地人、寓外东山人和有钱人的“网红打卡地”。

这似乎也验证了一句古语，“三个臭皮匠，顶个诸葛亮”。

君不见，华容、岳阳、长沙、广州、深圳、珠海、中山和东莞等地的乡友代表，认领捐资项目114项，总金额达7628万元。就问你，硬不硬气？

华容县东山镇又称三郎堰，传说是旧时这里出了一名京官，逝世后埋在堰边的冈上。有一天，他托梦给儿子们：要他们挖口堰让他有水喝，就可以保证子孙后代当官。兄弟三人就合力挖成此堰，后来，其子孙均获官。

这似乎又衍生出一个道理：吃水不忘挖井人。

谈起与家乡的感情，我们这类后生伢子，似乎是没有发言权的，只敢轻轻表态：不管混得好不好，唯有感恩放心头。我们在华容三中读书的时候，数学老师常常调侃称：读读读，读个鬼，数学是体育老师教的？这句话，早就得到了印证。我的一个石姓远房亲戚，二十世纪九十年代在华容一中求学，后来以湖南省奥数比赛第一名的成绩，被保送至湖南师范大学数学系就读。毕业以后，分配到了湖南体育职业学院团委，这人闲不住，还主动兼任多学科的教学工作，其中就包括数学学科。于是，“数学是体育老师教的”这句话，也就在江湖上传开了。

从长沙出发的早晨，我和同行的东山砖桥人裴超，特意在楼下的粉店吃了个干挑面，爆炒猪肝、酱辣椒炒肉、韭花炒肉等十多个现炒码，食客可随意挑选，拢共就只十块钱。路途，不长不短。我知道，当车行于三郎堰的小街时，我们穿行过摆满桃花山野板栗、皱皮柑、拐枣、金橘子的农家摊档时，意味着太阳已晒屁股了，只能回屋赶中饭哒。

我们这类所谓读书人，对这座小镇的情感，快乐而复杂。同理，许多年少家境贫寒、早早外出打工的乡友，对家乡的感情，大抵也是快乐伴着忧伤的。快乐的是，这里见证了再也回不去的童年；忧伤的是，自然轮回送走了许多挚爱，是亲朋、是戚友。细细数来，是冰灾、是疫情、是工厂加班等原因，往往只能舍小家为大家，这就是所谓的背井离乡罢。

然而，我却认为每个东山人对故乡的执念，必然是陈奕迅口中的《好久不见》：我多么想和你见一面，看看你最近改变，不再去说从前，只是寒暄，对你说一句，只是说一句，好久不见。以及，粤语歌曲《无条件》中的经典歌词：当潮流爱新鲜，当旁人爱标签，幸得伴着你我，是窝心的自然，当闲言再尖酸，给他妒忌多点，因世上的至爱，是不计较条件，谁又可清楚看见。

城市，因人而有个性。姑且就拿裴超做比，这个1986年生的未婚青年企业家在长沙混得风生水起，身上也沾了些商海浮沉的傲气。然而，但凡说起家乡的豆腐丸子和烀鸡子等，他顿时两眼放绿光，化身美食推荐官；只要说到老家敬老院看望老人，或到山区学校做公益，他都是第一个报名捐钱。

说到这里，不得不胡诌几句东山人的性格。俗话讲“一方水土养一方人”，东山镇被桃花山和天井山两山环抱，处于大片缓冲丘陵和平原之中，是为山。而从地理角度来

看，东山周边还有繁莲湖、沉塌湖、大荆湖和长江，是为水。山水相依，大江大湖，由此来看，东山人注定眼界高远、开放包容、兼收并蓄、聪明拼命。鉴于此，我也曾向东山党政主要负责人建议，要从三郎堰的老地名中提炼“三郎精神”，首要之义就应是“拼命三郎”，至于其他二郎如何释义，则要高人指点一二了。

我的老屋是红烈村，却生长在江洲墟场。一个是山区，一个是洲上，一个依山，一个傍水。性格却截然不同。山里人眼界稍浅，可能是一丘田、一张渔网、一分菜地，弟兄或邻居常因小事“起梗子”，眼里夹豆豉，看不得别个好。我小时候，就多次看见结婚几十年的老夫老妻相骂打架、村妇拿菜刀追着老公跑的场面。

洲上人的性格完全不一样，其因有二：一是脑壳转得快，以塔市驿为主的洲上人是“吃活水长大的，滑溜滑溜的”，生活习惯和讲话同湖北监利市无异，看菜吃饭、看事做事，不搞见子打子；二是团结肯干事，家教严格的，则一律遵从古训，踏实老实、勤奋肯为，很多在外打拼小有成就的，往往低调谦虚，面对大家的夸赞，经常把拱手一打，深藏身与名……

归去吧，田园将芜，胡不归。

访华容桂竹村有感：每个人心中都有一座家山

路，七弯八拐。车停在华容县东山镇桂竹村，我们刚刚打开车门，冬日暖阳似踩着节拍而来，一瞬间，从竹林和松柏树间倾泻而下。

这里，是湖南省纪委原常务副书记、湖南诗词协会会长赵焱森眼中的“桂竹文化园”，不远处的一堵诗墙上，首先映入眼帘的，就是赵爹题写的“家山逸韵”几个庄重大字。

历史，总是惊人的相似。

2023年，著名作家、湖南省作家协会原主席王跃文曾出版长篇小说《家山》。王跃文说：“家乡有山，即是家山。家山就是故园、就是故土。龚自珍的诗里写到‘踏遍中华窥两戎，无双毕竟是家山’，意思说天下好地方很多，但家乡是最好的。”

我与赵爹仅几面之缘，此前并无生活交集，只知他热

衷诗词书法，致力乡村振兴。他所出生的村，因村上早年盛产桂竹（桂竹冠常年碧绿，竹竿较粗，为中型竹之最，竹材坚韧、篾性好，用途广，可做棚架、农具柄和伞柄等），因而得名桂竹村；我们村因毗邻长江主河道，村民吃的水亦是长江水，故唤作长江村。与此同时，两村皆属湘北偏远农村地区，青壮年多外出务工，只留下老农以种稻谷或种棉花、种南瓜为生。

王跃文的家山，是老家村前村后连绵不绝的雪峰山。我和赵爹的家山，一定是东山镇境内的桃花山、蛋子山、小墨山……

赵爹是农家子弟，曾经读过私塾，当过民办教师，后来在华容县的一个人民公社担任组织委员、监察委员，再到岳阳地委工作，后被调到省委组织部，直到进入纪律检查机关工作。

我们这种打小生活在江边的“浪里白条”，毫无背景、资历尚浅，因读书而得以跳出农门，在外孤独打拼，时而顺水推舟，又时而看水流舟，人生尚不知出路何在。作为农村后生伢子，除了敢自称“后浪”，其他为人处世哲学或成功之道，亦是在学步摸索。背靠家山，永远向前吧，相信路一直都在。

为官一任，造福一方；老骥伏枥，志在千里。退休后的赵爹脚步不停，为了家乡忙前忙后。2023年12月24日，华容县首个乡村振兴促进会在东山镇成立，赵焱森当选乡村振兴促进会名誉会长。

2024年1月，桂竹村机耕路硬化工程开工仪式举行，赵爹毅然从自己积攒的工资中，拿出5万元支持机耕路建设。在他和长沙市华容商会的感召下，不少在长东山籍企业家纷纷解囊相助，比如，东山镇乡村振兴促进会长沙分会会长、明碧山村的企业家黎咸财，长沙市华容商会常务副会长、华容道村的企业家李光映，江河股份董事长严朝晖，许多不愿留名的乡贤乡友，以及企业家出钱出力，支援家乡建设。

在赵爹及其他爱心人士的“众筹”下，2024年1月28日，东山镇桂竹村机耕大道竣工，项目位于桂竹村一组，施工周期仅仅12天，是东山镇乡村振兴促进会成立后首个开工和首个竣工的认领项目。

“好像一条白龙，壮观得很啊！”赵爹和其他企业家一起，沿着新修的机耕路边走边感慨。一旁的村干部介绍，赵爹一直很支持家乡的各项事业，机耕路旁边的渠道硬化项目，也是他在十年前带头捐资修建的……

原来，机耕路沿线串联起来的农田，为一个大垄，有近五百亩水稻田，占全村优质良田的一半，一渠一路贯通南北，北边是搞集体时村民肩挑背扛修建的水库，南边是早些年赵爹牵头新修的新立桥。两边的山坡上，还有二十多个农户。我们边走边聊，眼前是新修的机耕路，两侧的渠道里清水叮咚，不时还有鱼虾游向不远处的闸口和沟渠。水流路通，车畅人欢，村里的父老乡亲们，从心底流露出对老人家的敬爱与感激。

赵爹精神矍铄，健步如飞，足足走了一里多路，看到道路尽头的新立桥重建志“新风陌上春晖远，立马桥头画卷开”等字样，往事也涌上心头。“我小时候和隔壁一个伢儿走桥上过，不晓得怎么掉到水里面哒，水一下子把我们冲得老远，我以为这下完蛋了，哪想到在水里打了几个滚，又慢慢地爬上岸来了。”

桥边的石碑上，刻着瘦体描金的“新立桥记”：新立桥始建何时，已难考证，我儿时见到乃一木桥，来去桥身摇晃，亦乐亦惊。我青年外出，鹤发归来，寻觅老桥见早已冲毁。建立新桥，为村民所期盼。小港两岸春种秋收，需建人车通行新桥。在原址兴建钢筋水泥桥一座，仍取原名新立桥，解决村民行路难的问题……

值得一提的是，和我们同行的黄鹏，多年前跨行搞建筑，是典型的“老班子”。比如，这条机耕路，就是他一手一脚守在工地上修筑的。我们乡里有句民谚，喊“从华容弯到塔市驿”，塔市驿的“云梦塔”原建于宋代，后被毁，近年来也是由黄鹏主持重建的，修塔的个中故事，下次有机会再叙。

我问黄老师：修塔和修路有什么本质区别？他说，修塔是一门建筑美学，过程最耗神最难，修路则最简单最粗暴，只要天气合适，就可以流水线作业。而两者的相同点就在于，修塔和修路，都要凭良心。

《家山》中的留日博士陈扬卿，回到乡下以后，参与乡村建设，办教育、办水利，这个人物形象代表了那一代有着书生报国理想的知识分子。

修桥者度千万人，铺路者广利万千人，功德无量。而像赵爹这样的，从小山村走出去而又归来的“角色”，又何尝不是我们现实中的榜样和楷模呢？

我想，他们的精神，对于我们来说就像华容钱粮湖的甘蔗——够学（钱粮湖农场之前种植了大量甘蔗，还有糖厂，因为甘蔗很多，吃不赢，且糖蔗节头较多，就引申为够削，谐音够学）。

华容新沙洲，到底是个什么洲？

春节，返乡。回到那个生我养我的地方。

生我的地方，是华容县东山镇长江村八组，房屋号008。实际上，我的“根”在明碧山烈士纪念亭不远处的红烈村，我的父亲出生在那里，一个依偎在沉塌湖湖汊边的山区村落。小山嘴上，一个队的人都姓熊；山头上，有昔日的熊氏宗祠旧址；大湖边，如今还留有熊家门这个地名。

对我有养育之恩的，除了父母，还要复念两位老人。我十岁前由奶奶带大，她信佛，爱喝谷酒，常年吃斋，生活朴素，饭菜以水盐菜、豆腐、南瓜、盐豌豆、猫鱼等为主。老人家已作古，谢意从此深埋心中。

十岁以后，父母南下打工，将我托付给外婆。她出生在地主家庭，信教，爱抽烟，对晚辈极严苛。比如，早上不能睡懒觉，吃饭不准跷二郎腿，饭后要主动洗碗扫地，规矩出奇地多。她年轻时是厨师，做得一手好菜，每周末都要买筒子骨炖海带汤，有时还做些鲫鱼和红烧肉。现在想来，我们的童年除了挨打和跪搓衣板外，竟还有一丝的甜。

我青少年时期成长的地方，叫作江洲墟场（自发形成的集镇或集市），住的村叫长江村，读的小学叫长江小学，中学叫江洲中学。可以说，“江”一直伴随着我的出生、成长和懂事。

而对于许许多多的江洲人来说，这条江既是灌溉生命的源泉，也是我们人生的起点。不管是泥巴路还是水泥路，不管是乡间小路还是高速路，我们在这里蒂落，在这里读书，从这里出发，甚至在这里出走，最后又回到这里，时间予我所得，时间又予我所失，站在前人的肩膀上来看，一时竟说不出忧伤悲喜。

搞勤工俭学时，我们劈柴捡谷喂猪；青年读书时，我们玩玩打打赶作业；考取功名时，我们在酒店摆酒设宴；结婚生子时，我们在禾场摆流水席；奔丧下跪时，泪涕更作倾盆雨。如此种种，大抵都是自然规律和人生法则，不可违，顺其自然吧。毕竟，我们是喝江水长大的，见过大江大河的人。

这条江，叫长江。我的故乡江洲墟场依偎在长江怀抱里，和长江主河道仅一堤之隔。长江，从湖南和湖北两省

交界的华容县塔市驿五码口入境，流经华容、岳阳、君山、云溪、临湘。其中，塔市驿至城陵矶段长95公里，江水横流或环流冲刷江岸，以至于此段成为长江最典型的河曲段，故有“九曲回肠”之称。

而说起长江，就要说起水运、渡口、码头。可以说，每一个从江洲墟场走向省内外甚至出国的江洲人，唯一的起始点，就是新沙洲渡口。新沙洲渡口于1985年投入使用，对岸为湖北省监利市鄢铺汽渡码头，渡口连通湘鄂两省国道G240线，一直承担着长江两岸的华容、监利附近群众生产、生活物资运输的重要任务。

新沙洲渡口，就位于新沙洲。那么，新沙洲的名字最早源于何时？作为家乡人，在这里浅究一二。因为，新沙洲渡口，是湖南省最靠北的渡口。新沙洲，理所应当是湖南省的“最北极”，那时候，我们站在长江大堤打电话，电话打完了，手机常常也欠费了，因为，用的是“豪华版”的长途加漫游套餐……

翻史料。根据华容县委党史研究室提供的复制版光绪壬午年（1882年）《华容县志》舆图来看，东北至湖北监利界一百二十里附近，只有塔市驿（黄家穴）、弹子山、小墨山、牌头山等地名和山名，并未见新沙洲这一地名。实际上，该图标记地名、湖名、山名和庙名较多，图中也未见其他渡口名。那个年岁，是否有新沙洲这一地名，有待考证。

翻地图。翻阅华容县旧政区图（根据1938年第四行政督察区《华容县图》资料编辑而成），可以发现，在靠近长江的最北边，单独标记了新沙洲这一地名。也就是说，从有记载的正史来算，新沙洲这一地名，至少已有86年历史了。

听口述。我的外婆回忆，解放前从清泥湾嫁到王家，当时就住在新沙洲的一栋“楼房”里，彼时，周边基本上都是茅草屋，当时的街名叫作茅草街。随着长江改道等原因，昔日的新沙洲和“楼房”，早已被奔流淹没在了河中央。

我的母亲说，她的祖辈是湖北省监利市鄢铺村（今临河村）人。光绪年间（1875—1908年），祖辈带着一根扁担和两个箩筐，从鄢铺辗转到兔儿洲，再辗转至新沙洲。爷爷王寿春生于1913年，卒于1995年，其出生在新沙洲的时候，王家已是新沙洲生活很多年，是当地的望族。从这段口述的历史来算，新沙洲至少已有111年历史。

年轻时，王寿春在新沙洲以开栈铺（类似如今的酒店、民宿）为生，各路朋友极多。同时，他还与一河之隔的，原湖北老乡、原居住于监利县北郊二十里卸甲河上王家门的王遐举私交交好。王遐举（1909—1995年），历任民革中央监察委员、中央文史馆馆员、中国美术馆馆员、海峡两岸书画家联谊会会长、中国书法家协会理事、北京中山书画社副社长等职、中国书法艺术研究院院长等职，被誉为中国当代书画界八仙和京都五大名笔之一。

民国时期，王寿春的一位族人“脑壳活泛”，时不时地用篾箩筐挑着麻花、姜糖、琪玛酥、发饼到新沙洲卖，实际上，这些吃食，都是他不辞辛劳坐帆船从监利进的货，自己只是个二道贩子罢了。

新沙洲为什么名为新沙洲？春节期间，走访了多位老人以及老师，大家基本上答不上来，也说不出个所以然，甚为遗憾。倒是我母亲无意中说的一段话，真正给人以启发：所谓新沙洲，即是区别于旧沙洲（沙洲一般位于长江主河道河里，涨水则淹，退水则现）的，受长江改道、人工围垸、河水冲击、泥沙淤积等原因影响，逐渐堆积起来的，且地势较高的、适合住人的、长江边的一处新的沙洲。

从我个人的理解来看，也就是说，受长江改道等影响，111年前的新沙洲原地址早已不存，如今只留有其名。而据老一辈讲，如今的长江一队至长江八队，甚至包括现青泥湾村、顺星村、白洋村等地方，几十年前均属于河道范围内。随着人口迁移、地理变迁等原因，勤劳的农民开始在田里耕作，尽管一锄下去，会出现泛白空洞的螺壳、贝壳，但由于是沙土土质，土壤肥沃，适合耕种，几乎是落土成苗，棉花等经济作物也开始广泛种植。

时代总要进步，变化也令人期待。公开的报道显示，拟建的监利至华容公铁长江大桥已纳入《长江干线过江通道布局规划（2020—2035年）》《长江中游城市群发展“十四五”实施方案》，规划搭载监利至华容铁路、G240公路，被列为湖北、湖南两省2025年前重点推动实施的跨江大桥。根据初步规划，监利至华容公铁长江大桥北段起点位于监利市红城乡付家门，南段终点是华容县东山镇新沙洲，是一座公铁合建的跨省长江大桥。

桥梁的出现，意味着渡口终将消失。那时候，新沙洲渡口和新沙洲，是否还会存在？

那时候，面对这一江碧水和岸边的油菜花海，是否还会有人想起木心的那首诗：记得早先少年时\大家诚诚恳恳\说一句\是一句，清早上火车站\长街黑暗无行人\卖豆浆的小店冒着热气，从前的日色变得慢\车，马，邮件都慢\一生只够爱一个人，从前的锁也好看\钥匙精美有样子\你锁了\人家就懂了。

相念于草野

草野与原野有何区别？我会执念地以为，它们都是冥冥中、意念中的故乡与根系，一个像夏天，一个像秋天。只是，我是一个在春天漂泊的游子，常在城市与高楼间徘徊，常提醒自己不要把过去相忘于草野。

我家在湘江以北的华容县，一个枕长江、临洞庭的小镇，中年人多种南瓜和棉花，青年人则靠读书跳出农门。我与故乡的关系，类似于池水与浮萍，若即若离。春光明媚时，我们在祖坟山下列队，气氛凝重而轻松，那时，大家忘却案牍劳累，让心绪与蓝天、白云融为一体，专心致志地缅怀先人。也只有在那时，大家才会短暂地忘记碎银几两和奔波劳累，在跪拜之间学会珍惜眼前人。

山上，楠竹、藤蔓、刺树肆意生长，我们一行人猫着腰在山间蜿蜒穿行，有几次竟险些迷路。偶然，瞥见密林深处几处凸起的坟包或有碑记的土堆，在阳光下显得愈发卑微，无人不红眼泪目。祭祖时有个“小插曲”，说来好笑而又略带信仰之味：族谱上记载的一位先祖，当初从江西南昌举家迁徙而来，去世后被安葬在湖边的一处山腰，事到如今已至少有400年历史，时光流转，族人皆称已无碑记可寻。不禁悲从中来，面对祖先，我们竟找不到任何印痕或影像，只能望山作揖和祭拜。这样的祭祖仪式，触碰的是心灵和自尊——我是谁，我来自何方？

祭祖完后，我们来到家族祠堂旧址，以希能寻得些许残瓦或石柱。我的奶奶丁炎贵说，祠堂共有几层，屋脊上有兔子、鸡等用以辟邪的“屋脊兽”，每年九月十五日，族人都在祠堂集会拜祭祖先，哪家主祭、哪户安排吃饭，必须安排妥当、体面，否则老族人就要拄杖打人。可是，祠堂如今已被拆，老屋场周边亦被竹林和薪木包围，只剩坍塌的土砖和灰瓦。唯一欣喜的是，下方的水塘里种了几亩湘莲，搞“双抢”的时节，可以看见莲花开落。

山下的窑洞里，可找寻父辈儿时的记忆。那时烧制土砖，需要劳力把田里的泥巴挖上来，放进一格格的模子里，一次放四块，放到内部呈月亮形，中间用铁绳拉平、两端固定的“夜壶子窑”中，再用猛火烧几天几夜烧成熟砖，淋冷水待其冷却后即可使用。也有另一种方法，即把秧田里的泥巴用箢箕挑上来倒在禾场，将干谷草和泥巴充分混

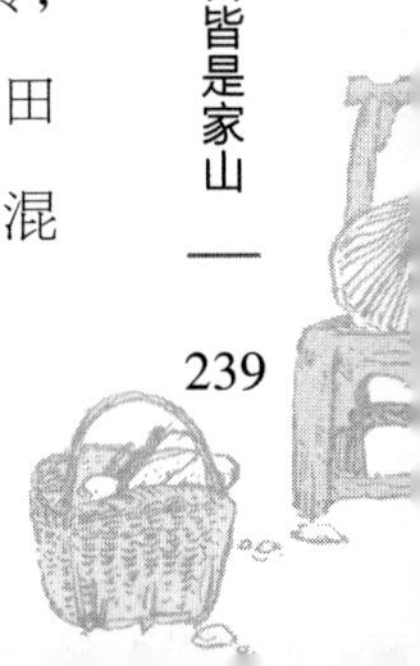

合，再由壮汉牵一头水牛在泥巴上不停地踩踏，两者“水乳交融”成半成品，倒进木模子里用竹片人工将表面刮平，晒干后就可以筑土砖房了。

忆苦方思甜。此行让我想起一抹甜又一抹酸。湖边，有一种勾人味蕾的“糖罐子”，花谢后会看到一个浑身长满刺的梨形果实，孩童们采摘时往往是往口里猛塞，味道甜中带涩，是泡酒佳品。而一抹酸是能刺激人味蕾的那老坛里脆爽的榨菜皮，柴灶中滚烫的酸芥菜鸡蛋汤。那个年岁，无肉也欢。

如此种种是我们遗失的美好，它们挣扎在草野和荒原，它们的美并非博物馆能够拯救。岁月变与不变，简单却自有其美……

追忆塔市驿的黄鳝码子和饮食“暗语”

在湘北地区，华容人以好客出名，而东山镇人尤甚。陪吃陪喝陪打牌，还能吹牛到夜半。

当然，这话单指戚友亲朋，而非酒肉之徒。大年初二，当我带着一身江湖气和匪气，回到这座依偎在长江怀抱里的小镇时，首先接纳我的，依旧是冬日暖阳和久违的烟火气。

这是家乡对游子的情感。不管你是行囊空空，还是盆满钵满，家乡面对你，不喜不悲、不散不见，一律是包容、平和的姿态。你看，三岔路口卖本地甘蔗的，工贸市场卖自种胡萝卜的，以汽油桶为炉灶当街炸油饼的，你面对他们时，会有一种“似是故人来”的感觉。

小镇，冥冥中是有生命的。空气中飘散的味道，街边的泥土气息，江边的河风与灯塔，旧木房的特殊气味，我

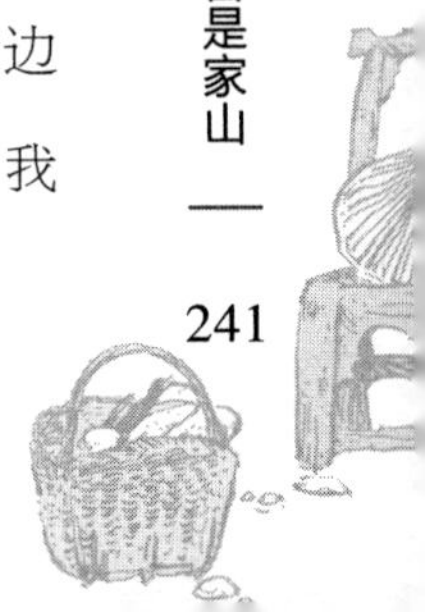

总能奇妙地感知。这一切，似乎都在劝告你：远行的人，别忘了为什么出发。

夜宴，酒过三巡。一位陌生的伯伯一边说故事，一边感慨地说，塔市驿因“从华容弯到塔市驿”而得名，多数人只是知其然，而不知其所以然。作为一个有千年历史的小镇，它的前世今生与历史变迁，世人只从口口相传中窥探一二，纯当笑料与谈资。作为小镇子民，我们能做些什么呢？

首先，说说旧时的几位“名声哥”吧。塔市驿当地一直流传一句顺口溜，说当地出了三个半“硬角色”，分别是：一个胡直府、一个万华府、一个杨贡林，还有半个是“文脉先生”何贤有（贤有的含义为，德才兼备、至善至美、出类拔萃、鼎鼎有名、彬彬有礼）。

万华府的典故来源于万家槽门。据老人家回忆，这座旧宅子位于下矶头，门两侧有两只一米多高、青石材质的石狮，门口有四根圆柱，四处雕梁画栋，推开深沉厚重的木质大门，可见房屋有两层，两侧各有厢房，拢共有二十多米的进深，上覆黑色燕子瓦，砌墙的青砖均为“二五八”尺寸，这种老青砖厚两寸，宽五寸，长八寸。从风水的角度来看这组数字，好像用了这种砖，人生就会开挂，“咔咔就是发”似的。

所以，当时的塔市驿人又有句顺口溜，称万家槽门“前开府后开当，狮子立在河边上”。而万家槽门的主人，别人都尊称为“万康老爷”。其实，“万康老爷”即万年淳，原名康，派名国翰，号弹峰，清华容县塔市驿人，历任安徽霍山、英山、巢县知县，两署六安知州，约于道光六年辞官回乡。

直到二十世纪七十年代，万家槽门又被辗转改造成塔市驿酱食厂。如今，老宅院门口的石狮子不见踪迹，只留下几个雕花的麻石柱础，孤独地立在街边。

再说说吃食罢。那时的小店多位于上矶头。在这里，饮食文化相互交融，一江碧水滋养着这座小镇。旧时，街边小店或小摊小贩上，售卖的小吃有挖糕、状元糕（四方形）、油条、酒糟、豆筋（用绿豆或黄豆磨浆，制作成的一种类似面皮的吃食）、饭米团子等等。

早餐店，则以老字号面馆“福兴源”最为出名，据老年人回忆，店主三辈人都以开面馆为营生，店子的历史最早可追溯到晚清或民国时期，而他们家售卖的面条也与别家不同，是用竹杠手工压出的碱水面，面条新鲜、柔韧、弹牙。码子呢，也只有三种，一种是最简单的肉丝码，第

二种是三鲜码（鳝鱼、猪肝、肉丝共同炒制），第三种是特色的鳝鱼码。店家会把从塘中捕捞的黄鳝喂养半月，待吐出泥沙等杂质后，再烹饪上桌。所用鳝鱼都是很粗一根根的，至少三两一条，至多斤把一条，一律不剖，将其从木桶中抓出，直接丢活的到汤里，等熬煮得皮开肉绽、皮肉分离、汤色醇白时，就可以当码子用了。竹捞子捞面，手起面来，长筷子重敲竹捞子，发出“嘣嘣嘣”的清脆响声，加码时先是来一瓢鲜汤，再是朝里掀半瓢鳝鱼肉，上桌前，还会加些葱花之类的提香。

而这种做法，又和江浙地区的鳝糊面（将划好的鳝丝洗净切段，将锅洗净置旺火上，油烧至七成热时，投入葱末、姜末、蒜泥爆香，放入鳝丝炒透，加入料酒焖煮后放酱油、白糖续烧，旺火收汁，最后出锅装盘）略有不同。可以说，塔市驿的鳝鱼面是江水煮活鱼，鳝鱼不够了随时往里锅里丢，而且随丢随掀，随掀随丢，真正吃的食材本味，而且是一滚带三鲜。

据说，晚清时湘军把苏州厨子带回长沙，才有了以苏州红汤面为原型的长沙面条。那么，塔市驿的竹杠手工碱水面和鳝鱼码，是不是也和苏州面条有渊源呢?

在长沙，许多本地人起床头件事，就是嗍一碗手工粉面。那时的塔市驿，没钱的农村人肚子饿了只能吃光头面，而且会低声地说一句“免码堆尖”（不要码子，要多下一点面条）；有钱的人家一般会喝点高粱酒，再随堂大呼“码子过桥”（面和码子要用两个碗分开）；劳力和水手重活多，一般会吃得较油较咸，进店会习惯性喊一声“滑佬”（油多放一点）。也有一些吃白食的“无皮王”（无赖的意思），进门点这点那，吃饭后嘴巴一抹，借故称自己住在哪里哪里，然后转身“搞挂账”开溜，令店家气愤不已。

最后，再说说二十世纪七八十年代的乡镇企业。那时候，塔市驿街上有酒厂、糖厂、豆筋厂、酱食厂、砖瓦厂、轮窑厂、岩石厂、木业社、船业社、机械厂、油厂、米厂、林木站、供销社……

如此种种，已是尘烟。然而，却交织出了无数塔市驿人的爱恨情仇，也映衬出了塔市驿人对生活的态度，以及，那些平淡日子里的柴米油盐和普通人家的辛酸悲苦。

回乡偶记

十多年没坐过中巴车了。

起点，是华容县湘运车站，终点，是江洲墟场。还是那条水泥路，还是摇摇晃晃的中巴车，改变的，是愈发年长的年纪，以及逐年上涨的票价。

仲夏的某天早上，我背着包坐在中巴车后排。昨天夜里燥热得很，一晚上半梦半醒，不知做了多少个梦。车到华容工业园，上来一个卖完土鸡蛋，提着空箩篮子的老人，打票的女子并不急着收钱，而是像扶着自己的母亲一样，挽着老人的手，帮她落座。

车行至松木桥，上来一个爹爹，打票的女人重复着先前的动作，极有耐心。落座后，两位老人才发现彼此是熟人，以下是对谈略记：

男：哎呀，你是那个的妹子吧，好像一点都没老啦。

女：哥哥，您郎嘎是我大哥的同学吧？好易得混咯，马上也是七十几的人哒……

……

我在昏昏沉沉中，隐约听见了些这些寒暄，想起大湖之滨的某个小村庄和故去的人，眼泪竟不争气地打转。

时醒时梦，总能看见打票的女子在那笑意盈盈，耐心迎客。然而，就是那么一瞬间，我竟然看见她的一只手只有三个手指头，数钱时熟稔而别扭。

“东西拿好，注意脚下。”我在女子的叮嘱声中下车，内心的温暖油然而生。

告别邂逅的风景，难得有闲，不妨说说回乡见闻罢。

关于吃食

记得小时候，我常端着个印有“心心相印”字样的瓷碗，碗底有“中国醴陵”字样，当然，碗沿或碗底还有洗碗时磕碰的缺，以它们为器物，却丝毫不影响吃三碗饭。

正是吃洋芋头的时节，柑子和柚子开花了，黄花菜冒了第一茬尖，莲叶也浮出了水面。这样的时节，风清云淡。饭点，夹几筷子辣椒萝卜或爆炒整辣椒时，捧着碗的你，可以从村口径直走到村尾，哪家哪户的锅铲动了，谁家里在煎鱼、夫妻拌嘴，都和你没关系。即使他们吵得翻了天，

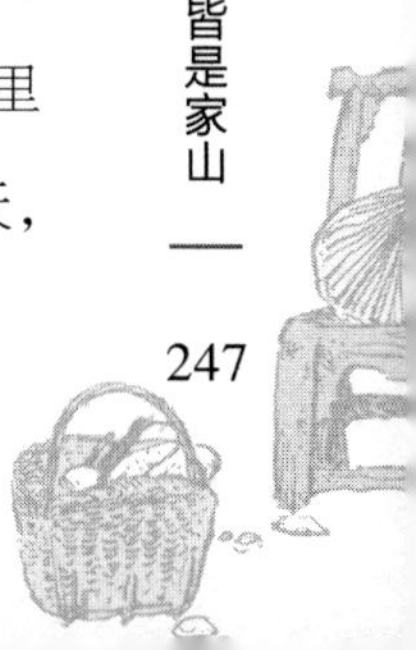

望见你过来，也会立时收起不安和烦躁，微笑着唤你的名字：来，伢儿，这里有凳子，坐哒夹菜吃。

如今，这家吃的有多，而那家刚好又缺，昔日的邻居，仿佛成了最熟悉的陌生人，都不愿意主动走出那一步，相互给予和主动馈赠，反倒成了人与人之间难以跨越的沟壑，可悲。

关于建房

在我的印象中，无论是自己所在的村，还是隔壁的清泥湾村、顺星村，不管是前有农田抑或是后有池塘，大家一律遵循着一个规矩，即，在一个水平线上筑房子，屋檐的深度几乎无甚区别。

比如，外婆的老房子修筑于二十世纪八十年代，屋顶为老式青灰色燕子瓦，一条“壁间”（房间外的一条走廊）挑起东西两间厢房，大门为半旋转式双开木门，门后有可左右抽动的门闩，墙上装有长方形木壁柜，以及手拉式电灯开关。堂屋没铺地板砖也没抹水泥，脚踩在泥上高低不平，是按压涌泉穴的好去处。正中间呢，则是每天烧香祭拜的“家神”，小朋友抬头望时，总觉得仪式感十足。再往后门方向走，一字排开是柴屋、猪栏屋、厨房和杂屋。可以说，房屋的功能分区十分明确，大人与小孩的房间，也有各自的分布规矩。

那时候，隔壁左右的小孩子玩游戏过家家，无拘无束。如今，伢儿也区分了城里的和乡里的，中式的围栏和院子，把大家的心门，也上了锁。

不知从什么时候起，起高楼成了村里的特色，大家开着豪车把油门一踩，一脚就到了禾场里。槟榔一咬，墨镜一脱，大手一挥，建楼修房，“欲与天公试比高”。他们好像很懂风水似的，也不跟你打商量，反手就把房子修在你们家屋门口，一点风景被遮挡得严严实实。房子砌得老高，房子里没了“家神”，装了一屋子没读书，但却废寝忘食的“牌友”或“码农”。

这些人呢，舍不得吃穿，出门像叫花子一样，打起牌来却完全变了一个人，荷包也鼓，调子也高，嗓门也大，真正是牛得下不得地。

瞥见此景，我想，我的好朋友、湖南潇平律师事务所执行主任、首届长沙市律师行业领军人才张作辰一定会站出来，发挥律师专业特长，就乡村法治讲堂阵地建设、送法入农户、化解基层矛盾等，给左邻右舍上那么一堂课。

关于种菜

种菜，是农民的本能。

比如，我的舅舅在布吉时，不忘在山顶点上几窝豆角或扁豆，平时不去关心，收获的季节，竟可提着篮子去摘。又比如，我的舅妈随姐姐住在东莞，除了带孙做饭外，竟然还腾出时间开荒，种出一茬茬的刀豆和其他。吃不完的菜蔬，拿来送给左邻右舍，竟让她这个昔日的农民，在陌生城市交了不少好朋友。

农村人种菜呢，都是遵循农时的，蔬果一般是自留种，比如大蒜籽、扁豆籽、长豆角籽、西瓜籽、瓢瓜籽、苦瓜籽、丝瓜籽、土豆块茎，有经验的农人往往将它们用报纸包好或用玻璃瓶罩好，开春下种时，将颗粒饱满和干瘪的一一筛出，这是最传统的人工选种法。

天气晴好时，他们用竹篾搭起蒙了一层薄膜的保温拱棚，茄子、黄瓜和辣椒秧子，是用自留种生发的，街上买的种子，产量高而已，没有白皮土黄瓜和潘家辣椒的鲜甜。这个味道，懂的人都懂。

说起种菜，就要说起荒芜的良田或菜园。华灯初上，但凡是家里、出租屋或是其他门店，一律是麻将、歪胡子、纸牌，无论男女老还是其他，皆沉迷其中。有厉害者，可以不吃饭憋尿不上厕所。有人说，这个是“国粹”，而对我们这种无暇打牌的青年人而言，真正是“望哒瞎眼”。

如今，家中来客或子女归来时，农家没有农家菜，农家没有农家柴，大人们仍旧是勤勤恳恳、清早上街，和以往的区别就在于，如今买菜都是鸡鸭鱼肉点指点，不仅如此，还要到饭店端几个菜，或者切几十块钱卤菜。甚至有时，为了显得客气大方，家中来客时，都习惯去饭店。

许多人长期在饭局和酒桌混迹，仿佛忘记了，家宴，才是人世间最珍贵的便宴。

对了，最近一次回家，除了看见故乡人，故乡的水竟然也很难看见了。外婆家不远处有一口池塘，原本水草丰沛，往年的这个时候，茭草、菱角梗、荷叶、浮萍和猪耳朵菜，早已在水面“跳舞”。如今，不知是地下水位下降，还是降雨量偏少，这个二十多年都未干枯的池塘，开春时节竟然出现枯涸、开裂现象，奇怪的是，原本水中凸起的一块地上，竟然又长了些芦苇、野藠头。

沟渠无水，水中生灵何以为家？这个现象，好像也没人在乎。或许，这些都是我的所谓假日胡想和杞人忧天吧！

后记：牛栏屋前，有一棵枣树

电影《死亡诗社》中，老师基廷让学生读了一首诗：及时采撷你的花蕾，旧时光一去不回，今天尚在微笑的花朵，明日便在风中枯萎。

反复诵读这首诗，想起十多年前那个春风沉醉的夜晚。九宫山下，松涛阵阵，读汪国真诗集，和乐而歌，何来伤悲？那时，我们还不满十八岁，正是意气风发的年岁。

遗忘，是人的本能，而我却是极其念旧的人。老物件、老照片，甚至小时候写过的蓝色圆珠笔，我都保存在木抽屉里。有时候我又问自己，保存的意义是什么？然后呢？

人生是修行场，排着队散场。

十岁之前，我由父母和奶奶带大。奶奶吃长素，喝谷酒，盐豌豆、水盐菜、酱萝卜是桌上的“三件套”。荤素无所爱，此爱在山海。她每天早上都要燃香祭拜祖先，还养了一只麻灰色的猫，许多习惯和爱好，在我年幼的心里，埋下了知敬畏、懂怜悯的“种子”。

过完十岁生日，父母北上广深务工，我和许多农村留守儿童一样，寄居在外婆家。外婆读过私塾，爱抽烟，早年当过厨师、砍过黄麻、搞过集体，个性刚烈且为人严苛。我和表姐表哥如阿猫阿狗般，不敢来半点“马虎”，做事极讲规矩、为人谨严，早早就懂得了什么是分享和团结。

奶奶“失业”后，回到距外婆家十公里开外的山里带堂弟，闲时种田和砍竹子。从读初中开始，只要是寒暑假，我都要承担给奶奶送生活费的任务。然而，公交车不通，也没有网约车，怎么办呢?

骑单车来回，成了那时的我能够选择的唯一的出行方式。单车骑行在长江干堤上，“像少年啦飞驰”，好不快意。

从这个维度来看，我的年少时光，是在学校、奶奶家和外婆家“三点一线”轮转。

从华容县东山镇长江村出发，抵达明碧山烈士纪念碑(明碧山是湘鄂西革命老区中心区域之一）下，经过不远处的担二丘，过吕家台、明碧山村红烈十六组，可分别抵达沉塌湖边的幺姑湾和熊家门。

听族人说，我的曾祖父年过九旬仍身体健朗，最终不知为何，决绝地选择了自我了断；我的爷爷曾在湖边养过许多年鸭子，一度靠卖鸭蛋为生；我的奶奶十九岁改嫁至

熊家，育有八子，我的父亲排行第五，由于家境原因，和父亲一样的，低头不见抬头见的亲弟兄，多被过继到不同的屋檐下生活。

许多年后，他们这些亲弟兄中，有人种田捕鱼，有人因病离世，也有人从这里搬出。需要正视的问题是，农村人普遍眼皮子浅薄，即使血缘关系浓厚，大家仍旧聚少离多。聊年成、聊过往、聊孝道，话题可能是一张渔网，或者是一丘秧田，无论吃饭的地点在哪里，但凡是围炉小聚和举杯推盏，大家首先是兴致很高，接着是轮番劝酒，最后一定是争争吵吵。这样窘迫的家族聚会场景，我至少看见五次。许多人和事，我和你，都无力改变，也无法和时间对抗。

这些年，每次回老家的感受都不同。特别是最近几年，成家立业后，当我再次站在老家那片山谷，越发觉得自己卑微而渺小。我似乎更加能够理解，长辈之间的那些零碎嘴和争吵声。

眼下，我曾走过的那条乡村小道，从黄泥巴路变成了砂石路，又从砂石路变成了水泥路。喝的水，从山泉水变成了深井水，后来，又从深井水变成了自来水。

世事难料，顺其自然吧。

山村寂寥。放眼处，多楠竹和楝树。偶尔看到几株麦李子树和血红桃树，我都备感亲切。因为，与河湖对话，可以开视野；与山峦对话，可以知胸怀；与草木对话，可与古人神交。

比如，老家牛栏屋前的那棵大枣树，仿佛是一位勤劳的老者，叶子极稀少，却拼命吸取养分，没人搭理它，但不耽误它开花结果。刺树杈间长出的枣，表皮呈酒红色，有裂纹，核极小，大且甜，绿叶配红枣，如点点星辰。

这棵树，是曾祖父年轻时栽下的。只是，青山依旧在，不见种树人。

有一年暑假，这棵枣树意外地倒下了。不知道是不是不结果了，还是有人嫌刺树碍事，遂扯起大锯将树从根部锯断，并遗弃在菜园一角。那时候的我，竟也并不觉得可惜，而是用柴刀砍下一些造型别致的枝丫，仔细削去外皮，放在卧室做装饰品。

春天，看到纤弱的新苗从树桩附近长出，我竟然生发出种树的冲动，便和堂弟一起将幼苗连根挖出，再移栽到屋旁的一条小路边。与它相伴的，是一根野生樟树。

我们，又何尝不是一棵树？在这里水土不服，在那里又不服水土。今年，是我在长沙生活的第十五个年头，其

间搬家多达十余次，但回老家的时间却很少。有几次回家，看见那棵枣树开始挂果，树已有几人高了，心里竟平淡如水。

看见这棵枣树的同时，我也依稀瞥见禾场边那棵四季郁郁葱葱的榔榆树，因树皮呈不规则鳞片状脱落，故称“脱皮榆”。父亲说，小时候日子苦没饭吃，长辈就将树皮研磨成粉，放水和匀后做成糍粑等吃食，只是吃多了对肠胃不好，肚子胀。

禾场对面的山，是禁山，山脚下竖着刻有“永禁砍伐”字样的长条石，孩子们极其敬畏，即便野果成熟，也轻易不敢到山下去。山上，俨然另一方天地，有野兔子、黄鼠狼、麂子、獐子、狗獾、猪獾，以及豹猫等兽类。

二十世纪九十年代初期，陆续有村民挖些长刺或带花的精致景观树，送到湖北监利的市场去交易，获利可观。还有一些不知名且木质坚硬的杂树，随即被拦腰截断，连皮一起被放在窑眼里烧制，原来，“树生”的尽头，是柴炭。当然，炭烧过了芯则不熬火，没烧过芯就烟雾多。

炭的一生，是在奉献中度过。人的一生，应该怎样有意义地度过？梦想，应该如何散发出幽暗的光？

一位曾经身居要职，退休后归乡居住的伯伯曾回忆：

"那时候，过端午节沉塌湖里划龙船，你们熊家屋里的都是高个子、大力士，划起船来劲直鼓。"

又有一次相聚，席间，伯伯语重心长地说："后生伢儿要好生努力。你能够到长沙读书，拿笔杆子，已经是祖坟上面冒青烟哒！"……

多少人和事，皆付笑谈中。如今，我们走在静悄悄的山里，只望见低矮或鼓起的坟包，徒留声声叹息。

长辈给我们留下的，无非是地名、头像、文字、声音和物件，也有精神传承，不一而足。我想，更有那一道道大道至简的儿时美食。

故乡不语，唯有珍惜。作为大山和大江大河的子民，我们能够做些什么？

姑且说说美食罢。说起美食，就要谈到吃饭，谈到吃饭，很多人就觉得庸俗。而吃饭一事，却最能凸显人性之根本。王家卫曾说："一男一女，你可以去喝个茶，没事。但要是有一天，你说，我愿意跟你去吃一顿饭，那意义就不一样了。你愿意跟这个人吃一顿饭，就是说你不讨厌和他相处，因为食物是有记忆的，谁也不愿吃一顿苦的饭。"

食物是有记忆的，人的记忆却不能永恒。这就是我，想要在而立之年出这本书的原因。

鉴于此，工作之余和忙里偷闲时，我常常坐在书房里，反复敲击键盘又反复删除文字。我读书不多，文字平淡如水，想来真是罪过。然而，这又是一种自我否定与自我认知。以前，我只习惯用笔来创作，后来发现效率太低，又只能逼自己用电脑写作。有时，我发现窗前风景那么可爱：石榴树、红叶石楠、金橘子、荷叶。此刻，我身后的书架上，摆放着的许多老物件，仿佛也在与我对话，它们是萎凋了的莲蓬、泛黄的照片、陈年的茶饼、干枯的松果、竖版的书籍。它们是有生命的，它们和曾经的我一起面对成长，这么近，却又那么远。

这些年走过的路，是一个螺旋式的上升过程。做过校对、当过记者、值过夜班、做过生意、进过机关，每一步都那么不容易，而每一步又是那么不经意。一路上，遇见许多人和事，都是我的贵人，也让我学会了感恩。只有在夜深时，我才能清晰地审视自己，回顾自己与家人，自己与家族，泥土与故乡的关系。我希望用最平凡的句子，提醒自己不忘来路，告诫自己坚守去路。

在这里，要深刻缅怀我故去的奶奶，疫情时，我竟无法和她见最后一面。

感谢我的外婆、父母及其他亲朋，感谢故去的益阳桃江籍恩师龚军辉先生。

感谢我的三姨妈，她教会我们要好好地活着，做一个有趣而有味的人。

还要由衷感谢在本书出版过程中，给予我默默支持的湘潭大学出版社各位老师和编辑，让我能够实现出书梦。

要得人尽我，除非两个我。你和我，都是不一样的烟火。

熊其雨

2024年5月写于长沙

图书在版编目（CIP）数据

华容风物集 / 熊其雨著. -- 湘潭 : 湘潭大学出版社, 2024. 7. -- ISBN 978-7-5687-1496-9

Ⅰ. I267

中国国家版本馆 CIP 数据核字第 2024HL6371 号

华容风物集

HUARONG FENGWU JI

熊其雨 著

责任编辑：王正杰
出版发行：湘潭大学出版社
社　　址：湖南省湘潭大学工程训练大楼
电　　话：0731-58298960 0731-58298966（传真）
邮　　编：411105
网　　址：http://press.xtu.edu.cn/
印　　刷：长沙印通印刷有限公司
经　　销：湖南省新华书店
开　　本：880 mm×1230 mm 1/32
印　　张：9
字　　数：159 千字
版　　次：2024 年 7 月第 1 版
印　　次：2024 年 7 月第 1 次印刷
书　　号：ISBN 978-7-5687-1496-9
定　　价：68.00 元